TOEIC
어휘의 달인이 되는 법
Pocket book

조강수 Cho Gang-su

- 강남 YBM 시사어학원 토익 전문 강사
- 종로 YBM Education Center 토익 전문 강사
- 종로 외대어학원 대표 토익 강사
- 신촌 잉글리쉬케어 어학원 토익 강사
- 잉글리쉬씨오케이알 후기 동영상 특강 강의

〈시험에 꼭 나오는 터미네이터 단어 · 숙어〉
〈토익 터미네이터 듣기 만점〉
〈New TOEIC 토정비결 L/C, R/C〉
〈토정비결 Part 5 · 6 실전문제〉

New TOEIC
어휘의 달인이 되는 법 – 포켓북

저자 | 조강수
초판 1쇄 인쇄 | 2006년 6월 10일
초판 5쇄 발행 | 2013년 3월 25일

발행인 | 박효상
편집 | 강성실, 박운희
영업 | 이종선, 이태호, 이전희
디자인 | 손정수

출판등록 | 제 10-1835호
발행처 | 사람in
주소 | 121-839 서울시 마포구 서교동 378-16
전화 | 02)338-3555(代)
팩스 | 02)338-3545
e-mail | saramin@netsgo.com
Homepage | www.saramin.com

만든 사람들
기획 | 전병기
편집 | 심애자
영문 교정 | Shin You Kyung
녹음 | Anna Paik(미국), Matthew Readuan(영국)
표지 · 본문 디자인, 조판 | 가필드

- 책값은 표지 뒷면에 있습니다.
- 파본은 바꾸어 드립니다.

ⓒ조강수 2006

ISBN 978-89-89540-80-1(set)
ISBN 978-89-89540-82-8 13740

new TOEIC
어휘의 달인이 되는 법
Pocket book

MP3 파일 무료 다운로드
www.saramin.com

머리말

이 책은 "토익 달인이 되는 법" 시리즈 중 첫 번째 기획작으로 개편 토익에 대비한 새로운 어휘 학습 접근법을 알리고자 제작한 〈토익의 달인이 되는 법〉의 '휴대용 소형 어휘집'이다.

이 책은 수험자들이 장소에 구애받지 않고 편리하게 어디서나 어휘를 학습할 수 있도록 특별 제작한 것이다. 이 포켓북의 장점은 본서의 필요한 어휘는 빠짐없이 전부 수록했고 책의 부피와 두께는 오히려 작고 가벼워졌다는 것이다. 책의 부피와 두께만 보고 판단해서는 안 된다. 본서 못지않게 방대한 어휘를 모두 수록했다. 포켓북에는 어휘와 뜻 중심으로 정리되어 있다.

수록 내용으로 토익에 나오는 어휘를 총망라 한다는 것을 전제로 하여 토익 학습에 필수인 Part별 필수 어휘와 필수 패턴을 실었다. 여기에 토익 학습에 기초인 '토익에 자주 나오는 필수 숙어'와 '토익에 자주 나오는 유사 의미어'를 부록으로 실었다. 부가적으로 제공하는 무료 다운로드를 받아 음성과 어휘를 같이 학습한다면 개편된 토익에 자신있게 대비할 수 있을 것이다.

Contents

머리말

FEATURE ❶
달라진 TOEIC, 어휘력만이 살길이다   5

FEATURE ❷
New TOEIC 대비 북미영어, 영국영어, 호주영어 비교   8

🎧 LISTENING COMPREHENSION

PART 1   Photographs 사진묘사
- 필수 어휘   28
- 필수 표현   40

PART 2   Question & Response 질의 응답
- 필수 어휘   46
- 필수 표현   58

PART 3   Short Conversations 짧은 대화
- 필수 어휘   80
- 필수 표현   92

PART 4   Short Talks 설명문
- 필수 어휘   120
- 필수 표현   132

📢 READING COMPREHENSION

PART 5·6 Incomplete Sentences / Text Completion
단문 공란 메우기 / 장문 공란 메우기
- 필수 어휘   148
- 패턴 어휘   212

PART 7 Reading Comprehension 독해
- 지문별 필수 어휘   302

👁 APPENDIX

시험에 자주 나오는 토익 필수 숙어   352
시험에 자주 나오는 토익 유사 의미어   382

FEATURE ❶

달라진 TOEIC, 어휘력만이 살길이다

말도 많고 탈도 많았던 토익이 드디어 2006년 5월에 1차적인 손질을 가했다. 이전 토익과 다른 외형적인 특징은 이미 공개 발표된 대로 시험 포맷의 변화이다. 이것은 실전 연습이나 모의고사 문제들을 풀면서 수험생 스스로 적응해 나가야 할 것이다. 한편 내용 변화의 특징은 어휘와 독해 강화이다. 이전에는 Part 5·6를 중심으로 기출 표현 암기를 통해 단기에 고득점을 노릴 수 있었다. 하지만 새로 등장한 표현들 그리고 늘어난 LC 대화문 길이나 RC 독해 문장의 길이는 그런 점수 향상 기대를 꺾을 수 있다. 그렇다고 기존의 해왔던 학습법을 완전히 버리고 새롭게 학습할 필요는 없다. 왜냐하면 뉴토익도 자주 쓰이는 비즈니스와 일상생활 표현들을 이용한 영어문장 구성 능력을 측정하는 것이기 때문에 새롭게 등장하는 어휘 30%도 어려운 수준은 아니며, 꾸준한 영어 학습자라면 한번쯤은 접해봤을 단어들이다. 따라서 기존 학습법을 유지하면서 새로 바뀐 뉴토익에 적응해 나가는 방식을 권한다.

그럼 어떻게 공부할까?

1. 기출 표현, 버릴까 말까?

우선 토익 초보 학습자나 단기에 어느 정도(500~600점)의 점수를 원하는 학습자들은 기출 표현 암기가 효과적이다. 영어 어휘 학습은 암기가 기본이다. 영영 사전 뜻풀이조차 이해하기 힘들거나, 평소 영어에 노출

시간이 많지 않은 사람에게 기본 학습을 강요할 수는 없을 것이다. 따라서 이런 경우에는 기출 표현 암기도 훌륭한 영어 학습이자, 토익에 대한 (感)을 잡을 수 있게 해 준다. 단, 점수를 확보한 후에는 진정한 달인의 점수는 기대하지 말아야 한다. 달인이 되고 싶다면, 기본으로 다시 돌아가야 한다.

토익에 대해 어느 정도 알고 있는 학습자들도 기출 표현은 필수이다. 왜냐하면 토익에 대한 감(感)을 유지시키고, 흐름을 파악하게 해주기 때문이다. 아울러 토익은 문제은행 출제 방식이다. 그동안 출제되었던 기출 어휘가 개편된 토익에서도 상당히 많이 활용될 것이다. 따라서 매회 나온 기출 표현과 새로운 표현들을 시험 후기나 강의노트 등을 통해 정리해 놓고 학습하도록 한다.

> "토익에 대해 어느 정도 알고 있는 학습자들도 기출 표현은 필수이다. 왜냐하면 토익에 대한 감을 유지시키고, 흐름을 파악하게 해주기 때문이다."

2. 영영사전이 좋다는데…

어휘는 기본만 탄탄하면 마치 눈덩이처럼 불어나는 마력을 가지고 있다. 즉, 하나의 단어를 학습할 때 그 의미, 파생어, 쓰임(usage), collocation을 다 외워두면 그 다음에는 꼬리에 꼬리를 물고 확장되는 것이 영어 어휘이다. 따라서 단어를 공부할 때는 영영사전에 나오는 영영사전식 뜻풀이와 사전에 나오는 예문을 적어두

> "하나의 단어를 학습할 때 그 의미, 파생어, 쓰임, collocation 을 다 외워두면 그 다음에는 꼬리에 꼬리를 물고 확장되는 것이 영어 어휘이다."

고 필요한 어휘가 있는 문장은 통암기식으로 학습하기를 권한다.

참고로 권장할만한 영영사전을 몇 권 소개하면 Oxford Advanced Learner's Dictionary는 영국 영어 중심으로 편찬된 사전이지만 영국영어와 미국 영어가 다를 경우 함께 병기되어 있다는 장점이 있다. 토익은 실용 영어인데 실용 예문이 상당히 많이 실려 있다는 것과 유의어와 뉘앙스에 대한 설명, 그리고 관련된 어휘에 대한 어법 활용, 동의어/반의어 등 뉴토익에 반영된 내용이 비교적 상세히 설명되어 있어 중고급자 수험자들에 적합하다. LONGMAN Contemporary English는 Oxford Advanced Learner's Dictionary와는 달리 전형적인 미국영어 중심이지만 실용적인 구어 예문이 풍부하다는 것은 비슷하다. 문법을 강조했고 자주 사용하는 구어 표현도 비교적 자세히 설명하고 있다. MACMILLAN English Dictionary는 Oxford 사전과 비슷한 데 예문이 풍부한 편이고 영미 중심의 영어 외에 Australian/ Indian/ South African/ Canadian/ New Zealand 등에서 쓰는 영어까지 폭넓게 다루고 있고 usage note가 있다. Collins COBUILD English Dictionary는 영국과 미국이 다른 어휘/구를 사용할 경우 미국 용법으로 통일시켜 병기했다. 어휘의 사용법에 대한 정보를 주고 있고 어휘가 어떻게 사용되는지를 보여주는 것이 특징이라면 특징이다.

3. 어휘의 달인이 되고 싶다.

대부분 토익 학습자들은 토익 점수를 취업용으로 활용할 것이다. 하지만 토익도 훌륭한 영어 학습 도구이다. 과거에 토익 900점 이상자가 영어로 말 한마디 못하더라는 수치스런 말을 이제는 듣지 않아야 할 것이다. 그러려면 토익에 등장하는 다양한 비즈니스 표현들을 토익 기출 어휘뿐만 아니라 다른 매체를 통해 꾸준히 익히고, 업그레이드 시켜야 한다. 매주 한 가지 이상의 영자신문과 비즈니스 잡지를 읽도록 한다. 시간이 많지 않은 사람은 읽기를 반복하면서 자연스럽게 시사용어나 표현들이 입에 배도록 하는 것이 좋다. 시간이 넉넉한 사람이라면 노트 필기를 한다. 평소에 익숙하지 않은 표현이나 명확하지 않은 표현을 발견할 경우 영영사전을 이용해 확실히 살펴보고 다져놓기 위해 자기만의 단어장을 만드는 것이 좋다.

> "토익에 등장하는 다양한 비즈니스 표현들을 토익 기출 어휘뿐만 아니라 다른 매체를 통해 꾸준히 익히고, 업그레이드 시켜야 한다."

위의 세 가지만 충실히 하면 토익 어휘는 꽉 잡을 수 있을 것으로 장담한다. 영어에서 어휘는 기본이다. 이 기본은 독해력과 통하여 속청속해, 속독속해를 가능하게 한다. 평소에 책을 많이 읽는 사람은 책을 빨리 볼 줄 안다. 일일이 단어하나하나를 짚어가며 보는 것이 아니라 통째로 보고 통째로 이해하는 훈련이 돼있기 때문이다. 영어도 마찬가지다. 어휘를 많이, 상세히 알면 문장의 요소들이 통째로 눈에 들어온다. 굳이 문법을 따로 공부하지 않아도 토익이 만만해질 것으로 확신한다.

FEATURE ❷

New TOEIC 뉴토익 대비
북미영어, 영국영어, 호주영어 비교

앞으로 TOEIC Listening Comprehension에 북미식 영어 외에 영국, 호주식 영어도 추가되어 오직 북미식 발음, 억양에 익숙한 한국수험생의 불안감을 가중시키고 있다. 그러나 결론부터 말하자면 각각의 영어는 그 발원지(영국)가 동일하고 문화, 인종 등을 상당부분 공유하므로 근본적인 차이는 크지 않다고 하겠다. 어느 쪽 영어든지, 한 특정 영어를 별 무리 없이 이해할 수 있는 수준에 이른다면 다른 지역의 영어도 일정기간 다른 발음, 억양에 익숙해지는 훈련을 거친 후에는 별 어려움 없이 이해할 수 있기 때문이다. 따라서 권장할 만한 방책은 기존 북미식 발음, 억양을 위주로 학습하되, 북미식과 현격한 차이를 보이는 발음, 억양, 어휘 등에 주의하는 정도가 될 것이다.

호주, 남아프리카, 뉴질랜드의 발음은 영국식 발음과 유사점이 많으므로 편의상 영국식으로 대별하고 미국, 캐나다는 이하 북미식으로 통칭한다. 앞으로의 TOEIC에 등장할 것으로 예상되는, 영국식 표준발음은 Received Pronunciation(이하 RP)이라 불리며 이는 런던 중심의 남부 교양 있는 사람들이 사용하는 발음이다. 영국북부 또는 웨일즈, 스코틀랜드, 아일랜드의 실제 발음은 RP와 상당히 다르고 해당 지역 내에서도 또 판이하므로 여기서는 설명을 배제하고 RP 위주로 설명한다. 또한 유사 한국어 발음도 병기하였으나 표현이 불가능한 경우 부득이하게 영어발음기호를 병용하였다.

(1) 자음 (Consonants)

자음은 영국식 북미식이 거의 흡사하지만 다음의 네 가지 자음은 비교적 확연히 구분되는 소리를 지녔으므로 유의하여야 한다.

/r/   RP의 가장 큰 특색 중 하나로 모음 앞에서만 발음되고 그 밖의 경우는 발음되지 않는다. (예: car [kɑː], turn [tʌːn]). 하지만 단어 사이에서 뒤의 단어 첫소리가 모음이면 연음시켜 북미식과 마찬가지로 음가를 가지게 된다(예: far away [fɑːrəwei]).

/juː/   th, d, t, n 등의 뒤에 u나 ew가 올 때 생기는 발음으로, 북미식에서는 보통 우리말의 /ㅜ/ 모음과 비슷한 /uː/ 소리가 나는 한편, RP 는 우리말의 /이유/를 빨리 발음할 때 나는 소리와 흡사한 /juː/ 소리로 발음한다. 따라서 duty [ˋdjuːti]는 영국식으로 [ˋ디유ː티], 북미식으로 [ˋ두ː리]와 같이 들리게 된다. news [njuːz]도 마찬가지로 영국식으로 [니유ː z], 북미식으로 [누ː z]와 같이 들리게 된다. 이 외에도 tune, illuminate 같은 단어에서 이런 현상이 발생한다.

tapped   단어 안에서 혹은 단어와 단어 사이에서, 모음 사이에 t나 d가 있
/t/, /d/   는 경우에 북미식 발음은 매우 약한 /d/ 계통의 아주 가벼운 발음 (tapping이라 부름)으로 처리하는데 비해 RP에서는 대부분의 경우 똑똑히 발음한다. 따라서 writer와 rider가 북미식에서는 같은 발음인 [ˋraidər], greater와 grader가 모두 [ˋgreidər]

처럼 들리는 반면 RP에서는 각각 [raitə], [raidə], [greitə], [greidə]로 상당한 차이가 엿보인다. 그러나 not only, what I, my card is 등에서와 같이 단어와 단어 사이에서의 t, d는 영국식에서도 가볍고 빠른 /d/의 tapping이 빈번하게 발생한다.

/ŋ/ 우리말의 받침 /ㅇ/에 해당하는 소리로 미국식에서는 연음되는 일이 드물지만 영국식에서는 사람에 따라 연음이 일어나는 일도 있다. 따라서 anything else?의 /ng/가 연음이 되어 마치 [eniθi ŋgels; 에니θing겔s] 처럼 들릴 수도 있다.

(2) 모음 (Vowels)

모음은 북미식과 영국식이 상당한 차이를 보이는 발음영역이다. 또한 모음은 사람마다 다르고 지역에 따라 다르므로 포괄적인 규칙을 제시하기는 곤란하지만 표준적으로 사용되는 RP 모음 /ɔ/, /ɑː/, /əu/, /ɔː/ 를 중심으로 알아보자.

/ɔ/ RP에서 가장 특색 있는 모음으로 북미식에서는 /ɑː/ 또는 /ɑ/로 발성되며 RP에서의 음가는 우리말의 /ㅗ/에 가까운 /ㅓ/ 소리 정도이다. 따라서 hot 같은 경우, RP는 [hɔt; 홑], 북미식은 [hɑt; 핱]으로 발음되며 dog의 경우에도 RP는 [dɔg], 북미식은 [dɑg]의 형태로 나타난다. 다른 예로 stop, box를 보면 RP에서는 [stɔp; 스똡], [bɔks; 복s], 북미식은 [stɑːp; 스땁], [bɑks; 박s] 정도의 소리가 난다.

/ɑː/ 우리말의 /ㅏ/가 길게 나는 소리와 유사하며 RP의 대표 발음 중 하나다. 북미식에서는 /æ/로 표기하고 소리는 우리말의 /ㅐ/가 강하게 나는 소리와 비슷하다.
fast /fɑːst/, after /ɑːftə/, can't /cɑːnt/, bath /bɑːθ/, dance /dɑːns/, laugh /lɑːf/, glass /glɑːs/ 등에서 보듯이 a

뒤에 자음이 올 때나 park[pɑ:k], mark[mɑ:k], dark[dɑ:k], barn[bɑ:n]과 같이 a 바로 뒤에 발음하지 않는 r이 있을 때(r의 뒤가 자음일 때) 발생한다.

/əu/ 북미식 발음 /ou; ㅗㅡ/에 해당하는 발음으로 우리말로는 /ㅓㅡ/와 /ㅏㅡ/ 부근에 있는 소리이다. home [həum], go [gəu], open [ˋəupn], road [rəud] 등에서 발견할 수 있으며 각각 [허움], [거으], [ˋ어으쁜]/, [rə으ㄷ]와 유사하게 들린다.

/ɔː/ 북미식의 /ɔː/에 해당하는 발음으로서 우리말로는 /ㅗ/를 길게 하는 발음과 흡사하다. caught, bought, saw 등은 각각 RP에서는 [cɔːt; 코~ㅌ], [bɔːt; 보~ㅌ], [sɔː; 쏘~]로, 북미식에서는 [cɔːt; 카~ㅌ], [bɔːt; 바~ㅌ], /sɔː; 싸~] 처럼 들린다. 그러나 뒤에 r이 있는 경우는 북미식도 r을 함께 발음하여 그대로 /ɔːr/로 소리낸다. cord를 예로 들면, RP에서는 [cɔːd; 코~ㄷ], 북미식에서는 [cɔːrd; 코ㄹㄷ]로 발음된다. 결국 RP를 기준으로 saw와 sore, paw와 pour, law와 lore, bored는 board는 모두 모음의 소리가 /ɔː/ 이고 r은 발음되지 않음으로써, 각각의 쌍이 모두 동음 이의어가 되는 결과를 낳는다.

(3) 그 밖의 모음

/ʌ/ RP에서는 우리말의 /ㅏ/에 가까우며 북미식에서는 /ㅓ/에 가깝게 발음된다. money, cut, cup, gut 등에서 나타나며 color를 예로 들면, RP는 [ˋcʌlə; 칼러/라], 북미식은 [ˋcʌlər; 컬러] 에 가깝게 들린다.

/æ/ 우리말 /ㅐ/의 소리를 강하게 한 것과 흡사하지만 실제로는 /ㅐ/ 소리에 더하여 /ㅏ/ 소리가 상당히 섞인 발음을 하는 영국인을 많

이 접할 수 있다. apple, camel, stand, animal 등에서 발견되며 이 경향이 짙어지면 흡사 /애플/, /캐멀/, /스탠d/, /애니멀/과 같이 들리는 일도 있다. 반면 북미식 발음은 많은 사람들이 /eə/, 즉 우리말의 /ㅐㅓ/소리가 빨리 이루어지는 느낌으로 발성한다. can't, nap, dance 등이 [keənt; 케언t], [neəp; 네어p], [deəns; 데언s]와 같이 들리게 된다.

-ile 단어의 끝이 -ile로 끝나는 단어의 발음은 RP에서는 /-ail/, 북미식에서는 /-l/로 발음되어 fertile, fragile, missile 등은 각각 RP로는 [ˈfəːtail; ˈfəː타이을], [ˈfrædʒail], [ˈmisail]이 되지만 북미식으로는 [ˈfæːrtl], [ˈfrædʒl], [ˈmisl]과 같이 들리게 된다.

모음생략 끝이 -ary, -ery, -ory로 끝나면 각각의 어미에서 -a, -e, -o 가 탈락하여 secretary, monetary, secondary 등을 예로 들면 각각, RP에서는 [ˈsekrətri; 쎄크러츠ri], [ˈmʌnitri; 마니츠ri], [ˈsekəndri; 쎄컨즈ri]처럼 들리는 한편 북미식으로는 [ˈsekrəteri; 쎄크러테ri], [ˈmʌniteri; 머니테ri], [ˈsekənderi; 쎄컨데ri]와 같이 발음하게 된다.

기타 vitamin은 RP에서는 [ˈvitəmin], 북미에서는 [ˈvaitəmin]으로 발음된다.
vase는 RP에서는 [vɑːz], 북미에서는 [veiz/veis]로 발음된다.
tomato는 RP에서는 [təˈmɑːəu], 북미에서는 [təˈmeɑtou]로 발음된다.

2. 어휘 (vocabulary)

대부분의 어휘나 표현이 영국식, 북미식에 공통으로 사용되지만 생소한 영국식 영어에 자주 쓰이는 어휘만을 살펴보기로 한다.

영국식 어휘	북미식 어휘	의미
advert [ˈædvəːt]	-	광고
aerial [ˈeəriəl]	antenna	안테나
aeroplane [ˈeərəplein]	airplane	비행기
aubergine [ˈəubəʒiːn]	eggplant	가지(야채)
autumn	fall	가을
bank holiday/ public holiday	public holiday	공휴일
barbie	barbeque	바비큐
barman	bartender	바텐더
barrister/solicitor	attorney	변호사
bathrobe [ˈbɑːθrəub]	dressing gown	목욕가운
bill	check/bill	계산서
bin liner	trash bag	쓰레기 봉투
biscuit	cookie	과자
bloke/chap/mate	man, friend	사람(남자), 친구
boiler	furnace	보일러
bonnet [ˈbɔnit]	hood	본넷트
book	reserve	예약하다

boot [buːt]	trunk	자동차 트렁크
braces [`breisis]	suspenders	멜빵
caravan [`cærəvæn]	camper/trailer	캠핑카
car park	parking lot	주차장
carrier bag	shopping bag	쇼핑백 (종이, 비닐)
cheers [tʃiəz]	good bye/thank you	안녕(헤어질 때)/고마워
chips	French fries	감자튀김
cinema [`sinəmə]	movie theater	영화관
city centre	downtown	시내번화가
coach [kəutʃ]	bus	버스
cooker	stove	가스렌지
courgette [kuə`ʒet]	zucchini	애호박
crisps	potato chips	감자튀김
cupboard [`cʌbɔːd]	cabinet/closet	수납장
dialing code	area code	시외 국번
do the washing	do the laundry	빨래하다
do the washing up	do the dishes	설거지하다
driving licence	driver's license	운전면허
dummy [`dʌmi]	pacifier	유아용 고무 젖꼭지
dust bin/rubbish bin	trash can/garbage can	쓰레기통
duvet [`duːvei]	comforter	이불
engaged	busy	통화중인

estate agent	realtor	부동산중개인
film	movie	영화
fiver [ˈfaivə]/ tenner [ˈtenə]	-	5/10파운드화폐
flat	apartment	아파트
fortnight [ˈfɔːtnait]	two weeks	2주
fringe [frindʒ]	bangs	늘어진 앞머리
full stop	period	마침표
gas ring	burner	가스렌지 불판
gear lever	gear shift	자동차 기어
give way	yield	양보하다
grill	broil	구이용 석쇠
ground floor	first floor	1층
handbag	purse	여성용 손가방
hire	rent	돈 내고 빌리다
holiday(s)	vacation	방학/휴가
jug	pitcher	음료저장용기
jumper	sweater	스웨터
lift	elevator	승강기
lift	ride	자동차 태워줌/실어다 줌
loo [luː]	bathroom/ rest room	화장실
lorry	truck	트럭

mark	grade	성적
mean	stingy	인색한
mobile phone [ˈməubail]	cell (phone)	휴대폰
motor way	highway/freeway	고속도로
nappy	diaper	기저귀
nasty [ˈnɑːsti]	mean	못된
neck and neck	nip and tuck	막상막하의
newsreader	newscaster	아나운서
note	bill	지폐
notice board	bulletin	게시판
number plate	license plate	자동차 번호판
off licence	liquor store	술가게
over the moon	on cloud nine	매우 기쁜
pants	briefs/panties	삼각팬티
pavement [ˈpeivmənt]	sidewalk	인도/보도
peckish [ˈpekiʃ]	-	배가 출출한
petrol [ˈpetrɔl]	gas/gasoline	휘발유
pharmacy [ˈfɑːməsi]	drugstore	약국
pitch	field	운동장
pip	seed	과일 씨
plait [plæt]	braid	땋은 머리
polo neck	turtle neck	목 있는 상

post	mail	우편
post code	zip code	우편번호
pram [præm]	baby carriage	유모차
prang [præŋ]	fender-bender	접촉사고
prawn [prɔːn]	shrimp	새우
pushchair	stroller	유모차
queue [kjuː]	line up/ stand in line	줄서다/줄
quid [kwid]	-	1파운드
railway	railroad	철로
return ticket	round trip	왕복표
reverse [riˋvəːs]	back up	후진하다
ring	call/buzz	전화통화
rise	raise	봉급인상
roundabout [ˋraundəbaut]	traffic circle	로타리
rubber	eraser	지우개
Sellotape [ˋseləteip]	Scotch tape	스카치테입
shopping trolley [ˋtrɔli]	shopping cart	쇼핑수레
shout	treat	한턱내다/한턱 냄
silencer [ˋsailənsə]	muffler	자동차 소음기
single(ticket)	one-way(ticket)	편도 표
skint [skint]	broke	거덜난
skip	dumpster	쓰레기수거통

social security	welfare	사회복지
stone	pit	과일의 큰 씨
sweets	candy	사탕
sweet corn/ maize [meiz]	corn	옥수수
take away	take out	사서 가져 가는(음식)
tap	faucet	수도꼭지
telly [`teli]	TV	TV
tights [taits]	pantyhose	타이즈
tin	can	캔/깡통
toilet	bathroom/ restroom	화장실
torch [tɔːtʃ]	flash light	회중전등
tracksuit	sweat suit	운동복
trainers	sneakers	운동화
trousers [`trauzəz]	pants	바지
turn-ups	cuffs	바지 단 접어 올림
underground	subway	지하철
uni [`juːni]	university	대학
vest	undershirt	런닝셔츠
waistcoat	vest	조끼
washing powder	laundry detergent	세탁 세제
washing up liquid	dishwashing liquid	주방용 세제
wellies/wellingtons	rubber boots	고무장화

windscreen	windshield	차 앞유리
wing	fender	차동차의 전후 측면
first/second year	freshman/sophomore	1/2학년
zip	zipper	지퍼

영국식영어와 북미식영어의 억양차이를 글로 표현하기란 불가능하지만 억양에 있어 영국식영어의 가장 두드러진 특징은 tapping (t와 d가 매우 가벼운 /d/처럼 발음되는 현상)과 r이 묵음이 되는 일이 많고 glottal stop (성문폐쇄음: football 을 발음할 때의 t 소리로서 button, cotton 등에서 나는 소리) 이 잦으며 단어와 단어끼리의 연음도 선행자음 그대로의 소리가 다음 단어의 모음과 직접 연결되는 영향 때문에 전반적으로 말이 강하고 딱딱하며 의문문이라 할지라도 말끝이 전반적으로 하향하는 멜로디를 가진다.

그러나 영어는 지역을 불문하고 기본적으로 고저장단이 국어에 비해 심하며 억양이란 사람, 지역, 상황, 감정상태에 따라 결정되므로 일률적으로 정리할 수는 없다. 따라서 쉽게 이용할 수 있는 TV, 인터넷 등을 통해 영국식 억양을 되도록 많이 접해 보고 직접 느끼는 것이 가장 좋은 방법이다.
영국식 영어를 보고 들을 수 있는 TV 프로그램으로는 BBC World Service, Discovery Channel, National Geographic Channel 이 있으며 특히 BBC의 인터넷 웹사이트에서는 실제로 다양한 무료 online 영어교육을 실시하고 있으므로 참고하면 유익하다. (http://www.bbc.co.uk/worldservice/learningenglish/index.shtml)

(1) 발음

개편 TOEIC 샘플문제의 호주발음을 들어본 결과 일반적 호주인의 발음보다는 꽤 명료한 소리임을 알 수 있다. 굳이 분류하자면 General Australian Accent 보다는 Cultivated Australian Accent의 범주에 있는 것으로 보인다.

개별적 단어 안에서의 일반적 호주영어의 발음은 뒤에 모음이 있지 않은 한 r이 음가를 가지지 않는 발음으로 영국식 RP에 가까우나 RP보다는 tapping이 빈번히 일어나 전체적으로 영국 억양보다는 부드럽다. water를 예로 들면 RP가 tapping 없이 [ˋwɑtə; 우오터], 북미가 /ɑ:/소리에 tapping이 생긴 다음 /r/ 까지 더해져 [ˋwɑ:lər; 와러r], 호주는 /ɑ:/대신 영국 쪽의 /ɔ/모음을 내고, tapping이 발생하는 대신 /r/이 사라져서 결과적으로 영국과 북미식의 중간쯤인 [ˋwɔlə/ 정도로 들리게 된다. 이와 마찬가지로 cutter를 발음해보면 RP에서는 [ˋcʌtə; 카터], 북미는 [ˋcʌlər; 커러r], 호주는 그 둘의 중간쯤인 [ˋcʌlə; 카러] 식으로 들린다(북미와 호주는 t 소리가 tapping된, 약한 l 또는 d 소리가 나고 있음).

이 외의 발음상 특이한 점은,

(1) mouth, bowed, how'd you 등에서의 /au/ 소리가 입을 옆으로 벌리고 콧소리와 함께 발음되어 마치 우리의 귀에는 각각 [mæɔθ; 매오θ], [bæɔd; 배오ㄷ], [ˋhæɔdʒə; 해오져]처럼 들리기도 한다.

(2) best, send 등에서의 /e/는 RP /i/가 콧소리가 섞여 약간 긴 소리로 발음되어 우리말 /ㅣㅔ/ 를 빨리 발음한 것과 유사하게 들린다. 따라서 [bist;비에스트], [sind; 씨엔드] 처럼 들리게 된다. 이 현상은 뉴질랜드 영어에서 정도가 심해져 six [seks], sex [siks]와 같이 들릴 수도 있다.

(3) /əu/는 RP(우리말의 'ㅓㅡ'와 유사)에 비해 /ㅏㅡ/가 살짝 섞인 소리를 내는 사람들이 많다. 따라서 /ㅏㅡ/소리를 강하게 내는 사람은 goat, boat, coat 와 같은 발음에서 [gəut; 가오트], [bəut; 바으트], [kəut; 카으트]과 상당히 흡사하게 들리는 일이 있다.

(4) mate, day, way 등에서의 /ei/를 콧소리를 섞어 /ㅏ ㅣ/와 /ㅓ ㅣ/ 사이의 소리(발음기호로는 콧소리 섞은 /əi/에 가까움)를 내는 사람들이 있어 혼란을 준다. 따라서 각각 [məit; 머이트], [dəi; 더이], [wəi; 와이] 로 들리는 일이 있다. 그러나 이는 앞서 (3)에 기술한 /əu/와 더불어 broad accent(강한 억양)이므로 출제여부는 의심스럽다.

(2) 어휘

발음에 있어 영국식 영어와 북미식 영어의 중간자적 입장이 어휘에서도 드러난다. 그도 그럴 것이 호주는 그 시작부터 영국의 영향을 받긴 했지만 1800년대의 goldrush와 2차 세계대전, 그리고 넓은 국토와 자연환경 그리고 좋은 날씨는 영국보다는 미국과 밀접하기 때문에 많은 북미영어, 특히 미국의 어휘, 용법이 영국식 어휘와 혼재되어 있다. 결론적으로 기존의 북미식에 영국식 영어의 소리, 어휘에 익숙해진다면 호주식 발음, 어휘의 리스닝도 큰 어려움은 없어 보인다.

TOEIC 수험생 여러분의 건투를 기원하며

유재웅 씀

LISTENING COMPREHENSION

PART 1
Photographs

PART 2
Question & Response

PART 3
Short Conversations

PART 4
Short Talks

PART 1　Photographs

인물 묘사 – 업무 및 노동

wear [wɛər]
He is **wearing** glasses and a lab coat.

stand [stænd]
He is **standing** on a ladder.

work at
He is **working** at a computer.

look at
He is **looking at** the notices.

hold [hóuld]
She is **holding** a suitcase.

point at[out, to]
He is **pointing at** the screen.

have [hæv]
They are **having** a discussion at the table.

필수 어휘

(V) 옷을 입다, 모자를 쓰다, 안경을 쓰다, 신발을 신다, 수염 · 머리를 기르다
그는 안경을 쓰고 실험 가운을 입고 있다.

(V) 서다, 서 있다
그가 사다리 위에 서 있다.

(V) ~로 일하다
그는 컴퓨터로 일하고 있다.

(V) ~을 보다
그는 공지사항을 보고 있다.

(V) 들다, 잡다, 안다
그녀는 여행 가방을 들고 있다.

(V) ~을 가리키다
그는 스크린을 가리키고 있다.

(V) ~이 있다, 〈음료 등을〉 마시다, 〈음식 등을〉 먹다
그들은 식탁에서 대화를 나누고 있다.

인물 묘사 – 일상생활

relax [riléks]
A woman is **relaxing** by the fountain.

sit [sít]
A man is **sitting** on the bench.

drink from[out of]
A man is **drinking from** the glass.

walk [wɔ́:k]
They are **walking** side by side.

인물 묘사 – 쇼핑 및 교통 · 통신

shop for[at]
They are **shopping for** shoes.

display [displéi]
Some goods are **displayed** in the store.

choose [tʃú:z]
She is **choosing** some items.

call [kɔ́:l]
She is **calling** from a public phone.

(V) 휴식을 취하다
여자가 분수대 옆에서 쉬고 있다.

(V) 앉다
남자가 벤치에 앉아 있다.

(V) 마시다
남자가 물을 마시고 있다.

(V) 걷다
그들은 나란히 걷고 있다.

(V) 물건을 사다
그들은 신발을 구경하고 있다.

(V) ~을 전시하다, 보여주다
몇몇 물품들이 가게에 전시되어 있다.

(V) 고르다
그녀는 몇몇 상품들을 고르고 있다.

(V) 전화하다
그녀는 공중전화로 전화를 하고 있다.

board [bɔ́:rd]
People are **boarding** the train.

fill [fil]
He is **filling** his car with fuel.

인물 묘사 – 스포츠 및 공연

play [plei]
- He is **playing** a sport.
- They are **playing** an instrument.

exercise [éksərsàiz]
He is **exercising** on the indoor track.

lead [li:d]
He is **leading** the group.

인물 묘사 – 식당 및 병원

study [stʌ́di]
She is **studying** the menu.

arrange [əréindʒ]
The waiter is **arranging** the food.

work [wə́:rk]
He is **working** on a patient.

(V) 〈기차 · 비행기 따위에〉 타다
사람들이 기차를 타고 있다.

(V) ~에 채워 넣다
그는 차에 주유하고 있다.

(V) 경기를 하다; 악기를 연주하다
- 그는 스포츠를 하고 있다.
- 그들은 악기를 연주하고 있다.

(V) 운동하다
그는 실내 육상 트랙에서 운동하고 있다.

(V) 지휘하다
그는 그 그룹을 지휘하고 있다.

(V) 자세히 보다; 연구하다
그녀는 메뉴를 보고 있다.

(V) 가지런히 하다; 배열하다; 준비하다
웨이터가 음식을 가지런히 놓고 있다.

(V) 일하다
그는 환자를 진찰하고 있다.

take a person's temperature
He is having **her temperature taken**.

attend [əténd]
He is **attending** to a patient.

examine [igzǽmin]
A doctor is **examining** the patient's shoulder.

사물 및 정경 묘사 – 수동태(be+과거분사)

line [lain]
Many cars are **lined** on both sides of the street.

occupy [ákjəpài]
Most of the seats are **occupied**.

stack [stæk]
The books are **stacked** in the warehouse.

arrange [əréindʒ]
Most of the books are **arranged** on the shelf.

park [pɑːrk]
The cars are **parked** in a line.

display [displéi]
Scarfs are **displayed** on the shelf.

체온을 재다
그는 그녀의 체온을 재고 있다.

(V) 〈환자 등을〉 돌보다, 간호하다, 진료하다
그는 환자를 진찰하고 있다.

(V) ~을 진찰하다
의사가 환자의 어깨를 진찰하고 있다.

(V) ~을 일렬로 세우다; 일렬로 늘어서다
많은 차들이 길 양쪽으로 줄지어 있다.

(V) 〈자리를〉 차지하다, 점유하다, 사용(차용)하다
대부분의 좌석이 찼다.

(V) ~를 쌓아 올리다
책들이 창고에 쌓여져 있다.

(V) ~을 가지런히 하다, 정리 정돈하다
대부분의 서적들이 서가에 정돈되어 있다.

(V) ~를 세워두다, 주차하다
차들이 횡대로 주차되어 있다.

(V) ~을 장식하다, 진열하다, 전시하다
스카프들이 선반위에 진열되어 있다.

사물 및 정경 묘사 - 진행형 수동태(be being + 과거분사)

pump [pʌmp]
Fuel is being **pumped** into the car.

install [instɔ́:l]
The fax machine is being **installed**.

사물 및 정경 묘사 - 완료형 수동태(have been + 과거분사)

elevate [éləvèit]
A vehicle has been **elevated** for repairs.

load [loud]
Many items have been **loaded** onto a cart.

사물 및 정경 묘사 - There is/are + 장소(~에 있다)

at the corner of
There is an umbrella **at the corner of** the exit.

heavy machinery
There is a piece of **heavy machinery** at a construction site.

step [step]
There are **steps** on both sides of the hall.

(V) 주입하다, ~을 밀어 넣다
연료가 차에 주유되고 있다.

(V) ~을 설치하다
팩스가 설치되고 있다.

(V) ~을 올리다; ~을 들어 올리다
차가 수리를 위해 올려져 있다.

(V) ~에 짐을 싣다
많은 물건들이 수레에 실려 있다.

~의 모퉁이에
출구 모퉁이에 우산이 있다.

중장비
공사현장에 중장비 한 대가 있다.

(n) 층계
홀 양쪽에 계단들이 있다.

사물 및 정경 묘사 - 기타

overlook [òuvərlúk]
The building **overlooks** the lake.

go through
The trail **goes through** the woods.

under construction
A house is **under construction**.

be crowded
A bus is not very **crowded**.

empty [émpti]
The office is **empty**.

lean against
He is **leaning against** the fence.

read [riːd]
He is **reading** a newspaper.

(V) ~을 내려다 보다
빌딩이 호수를 굽어보고 있다.

~을 통과하다
길이 숲으로 나 있다.

건축 중인
집이 건축 중이다.

붐비다
버스가 그다지 붐비지 않다.

(a) 텅 빈
사무실이 비어 있다.

~에 기대다
그는 울타리에 기대어 있다.

(V) 〈신문, 잡지, 기사, 공지 사항 등을〉 읽다
그는 신문을 읽고 있다.

PART 1 Photographs

He **is arranging** some items on the table.

They **are seated** around the tables.

One man **is standing** next to the railing.

People **are boarding** the bus.

She **is drinking** from her glass.

He **is examining** the tools.

A man **is fishing** at the water's edge.

They **are having a discussion**[conversation].

People **are having a meal**.

They **are holding** drinks.

She **is looking** at the map.

They **are performing** outdoors.

He **is pointing** at the screen.

He **is pouring** some water.

필수 표현

남자는 탁자 위에 물건을 정돈하고 있다.

그들은 탁자 주변에 앉아 있다.

한 남자가 난간 옆에 서 있다.

사람들이 버스에 오르고 있다.

여자가 잔으로 물을 마시고 있다.

남자가 도구들을 검사하고 있다.

남자가 물가에서 낚시를 하고 있다.

그들은 토론중이다.

사람들은 식사중이다.

그들은 음료를 들고 있다.

여자는 지도를 보고 있다.

그들은 야외에서 연주하고 있다.

남자는 스크린을 대고 가리키고 있다.

남자는 물을 따르고 있다.

He **is putting** a letter in the mailbox.

A man **is reaching** for an item on the shelf.

The man **is reading** a newspaper.

He **is a refueling** the car.

The people **are relaxing** by the fountain.

They **are resting** on a bench.

Some people **are riding** in the truck.

He **is sitting** at the keyboard.

They **are sitting** next to each other.

She **is stacking** in a row.

A man **is standing** beside the woman.

He **is stepping** up to the door.

A man **is talking** on the phone.

She **is walking** on the road.

He **is carrying** a backpack.

남자는 편지를 우편함에 넣고 있다.

남자가 선반에서 뭔가를 꺼내려고 손을 뻗다.

남자가 신문을 읽고 있다.

남자는 차에 주유를 하고 있다.

사람들이 분수대에서 휴식을 취하고 있다.

그들은 벤치에서 쉬고 있다.

일부 사람들이 트럭을 타고 있다.

남자가 컴퓨터 앞에서 일하고 있다.

그들은 서로 옆에 앉아 있다.

여자는 일렬로 상자를 쌓고 있다.

남자가 여자 옆에 서 있다.

남자가 계단을 오르고 있다.

남자가 통화를 하고 있다.

여자가 길을 걷고 있다.

남자는 배낭을 지고 있다.

He **is wearing** a helmet.

She **is wearing** a lab coat.

They **are putting** on coats.

Most of the tables **are arranged** in a circle.

A vehicle **is elevated** for repairs.

Many files **are stacked** on the shelves.

남자는 헬멧을 쓰고 있다.

여자는 실험용 복장을 하고 있다.

그들은 코트를 입고 있다.

대부분의 탁자들이 원형으로 정돈되어 있다.

차가 수리를 위해 들어 올려지고 있다.

많은 서류들이 선반위에 쌓여져 있다.

PART 2 **Question & Response**

accommodation [əkàmədéiʃən]
The new hostel is to provide an affordable **accommodation**.

agency [éidʒənsi]
There's a travel **agency** on 6th and Pike that sells discount tickets.

apply for
Current service providers must **apply for** a license renewal within 90 days from now.

in stock
We confirm that we have these items **in stock**.

reception [risépʃən]
About 290 local workers will be responsible for **reception**.

be assigned to
I **was assigned to** work in the New York branch office.

process [práses]
A bar code will help the embassy **process** applications faster and more accurately.

charge [tʃɑːrdʒ]
The company plans to **charge** 80 won per service use.

필수 어휘

(n) 숙소, 거처
이 새 호스텔은 저렴한 숙박시설을 제공하기 위한 것이다.

(n) 대행사, 대리점
6번 가와 Pike 가 만나는 곳에 있는 여행사에서 할인표를 팔고 있던데요.

신청하다
기존의 사업자들은 지금부터 90일 이내에 허가 갱신을 신청해야 한다.

재고로 남은, 비축되어 있는
저희는 이 물건들의 재고가 있음을 확인 드립니다.

(n) 환영회
약 290명의 현지 직원이 환영회를 담당하게 된다.

~로 배정되다
나는 뉴욕 지점으로 근무를 배정받았다.

(v) 처리하다
바코드는 대사관이 신청업무를 더욱 신속 정확하게 처리할 수 있도록 도울 것이다.

(v) 청구하다
회사 측은 건당 80원의 정보이용료를 부과할 계획이다.

insure [inʃúər]
Companies hiring foreign workers are required to **insure** their employees against industrial accidents.

out of print
This novel is **out of print**.

be right for
I always thought that it **wasn't right for** me.

break down
Negotiations may **break down** because of the sensitive bills.

figures [fígjər]
The **figure** was up 109 percent from the company's goal.

for free[free of charge]
We could provide the basic services **for free** of charge.

full-time job
He has a **full-time job** that grosses $50,000 a year.

garage [gərá:ʒ]
My car broke down, and a truck towed it to the **garage**.

general checkup
I recently saw a woman practitioner for my **general checkup**.

(v) 보험에 들다
외국인을 고용한 사업주는 이들에 대해 산재보험을 의무적으로 가입해야 한다.

절판된
이 소설은 절판되었다.

~에게 꼭 맞다
그것은 나와 어울리지 않는다고 항상 생각했다.

결렬되다, 고장 나다
협상이 민감한 법안으로 인해 좌절될지도 모른다.

(n) 수치, 계산
수치는 회사의 목표보다 109% 높은 결과였다.

무료로, 공짜로
우리는 기본 서비스를 무료로 제공해 줄 수 있다.

정규직
그는 연봉이 50,000불이나 되는 정규직을 가지고 있습니다.

(n) 차량 정비소
내 차가 고장 나서 트럭이 정비소까지 견인해 갔다.

종합검진
나는 최근 한 여의사에게 종합검진을 받았습니다.

go through
We expect local cellular-phone makers will **go through** further painful restructuring from now on.

go into effect
This law is scheduled to **go into effect** in September.

ground breaking ceremony
The SK Group held a **ground breaking ceremony** to open a new handset production line in China.

have day(s) off
How many **days off** do you **have** a year?

leaflets [líːflit]
He inserts **leaflets** in the newspaper.

in charge of
The NCSC is **in charge of** cyber security in the government sector.

interest rates
Bank **interest rates** are too low.

issue [íʃuː]
The unemployment **issue** has been a major challenge for the government.

~을 겪다, ~을 경험하다
국내 휴대폰 제조업체들이 이제부터 본격적인 구조조정을 겪게 될 것으로 전망된다.

효력을 발휘하다, 발효하다
이 법은 오는 9월에 발효될 예정이다.

기공식
SK 그룹이 중국에 새로운 휴대폰 생산라인의 착공식을 가졌다.

휴무이다
휴무일은 1년에 며칠 있나요?

(n) 유인물
그가 광고지를 신문에 접어 넣는다.

~을 책임지는
NCSC는 정부부문의 사이버 보안을 맡고 있다.

이자율
은행 이자는 너무 낮다.

(n) 문제, 안건
실업문제는 정부에 중요한 도전이 되어 왔다.

job opening
Job openings, job hunts and current employment situations will be compiled into a database.

make a profit
Large-scale farming is essential to **make a big profit** in the agriculture sector.

merger [mə́:rdʒər]
We racked up the record profit thanks to synergy effects from the **merger**.

negotiation [nigòuʃiéiʃən]
She stressed the importance of **negotiation**.

be nominated for
He **was nominated for** the Employee of the Year award.

on the agenda
High **on the agenda** of the APEC this year was trade liberalization.

overhaul [òuvərhɔ́:l]
It should **overhaul** the resettlement training system in cooperation with the private sector.

pick up one's paycheck
I'll make all the arrangements for Mr. Cho to **pick up his paycheck**.

빈자리, 공석
구인, 구직, 취업현황이 데이터베이스화된다.

수익을 내다
농업부문이 높은 이익을 내기 위해선 대규모 농업이 필수적입니다.

(n) 합병
우리는 합병 시너지 효과가 본격화돼 사상 최대의 실적을 기록했다.

(n) 협상
그녀는 협상의 중요성을 강조했다.

~로 지명되다
그는 올해의 사원상 후보로 지명되었다.

의제에 오른, 상정된
올해 APEC 정상회의에 상정된 주요 의제는 무역 자유화였다.

(v) 면밀히 조사하다
민간 부분과 협력하여 정착교육 시스템을 정밀 조사해야 한다.

급여를 수령하다
Mr. Cho가 봉급을 가지고 갈 수 있게 모든 조치를 취해 놓겠습니다.

run out
Their stockpiles will eventually **run out**.

specifications [spèsəfikéiʃən]
Specifications will be changed to fit into the international standards by next month.

stop by
I'm able to **stop by** and see my parents in New York.

take a day off
We will **take a day off** Saturday and participate in a rally in Moscow.

take a leave of absence
He **took a leave of absence** last year from the university to prepare for the NBA draft.

take care of
Officials of the Libyan government are already approaching us, asking us to **take care of** the job.

turn down
He **turned down** the offer several times.

up the road
He lives **up the road** from me.

upcoming [ápkÀmiŋ]
You can meet him at his **upcoming** concerts.

⟨재고가⟩ 떨어지다
비축물량이 결국에는 바닥이 나기 마련이다.

(n) 세부사항
세부 사항이 다음 달까지 국제 기준에 맞게 개선된다.

잠깐 들르다
나는 뉴욕에 잠깐 들러서 부모님을 잠깐 만나볼 수 있어요.

일을 하루 쉬다
우리는 토요일 연가를 내서 모스크바 집회에 참석할 예정이다.

휴가를 신청하다
그는 지난 해 NBA 드래프트 준비를 위해 휴학했다.

~을 맡다, 처리하다
리비아 정부 관리들이 공사를 맡아 달라며 이미 우리에게 접근하고 있다.

거절하다
그는 몇 차례 제안을 거절했다.

길 저쪽에
그는 내가 있는 데서 보아 도로의 위쪽에 살고 있다.

(a) 다가오는
조만간 콘서트에서 그를 만나볼 수 있다.

work force
Slovakia has a skilled **work force** available, and comparatively low wages.

urgent [ɔ́ːrdʒənt]
The mayors called for **urgent** attention to their cities.

인력, 직원
슬로바키아에는 비교적 낮은 임금에 숙련된 인력이 풍부하다.

(a) 긴급한
장들은 또 도시들에 대한 긴급한 관심을 요청했다.

PART 2 Question & Response

What 의문문

vacant [véikənt]
What sort of position is **vacant**?
➡ We have an opening for sales.

estimate [éstəmèit]
What is the cost of the shipping?
➡ The **estimate** is not ready yet.

session [séʃən]
What time does today's **session** begin?
➡ At nine o'clock.

competent [kámpətənt]
What's your new boss like?
➡ He is energetic and **competent**.

What is the deposit for the remodeling?
➡ About one million dollars.

What should I do with these suitcases?
➡ Give them to me.

What happened to your car?
➡ It didn't start this morning.

필수 표현

(n) 빈자리; 없는(empty)
어떤 자리가 비어 있나요?
영업직에 빈자리가 있습니다.

(n) 견적서, 견적; (인물 등의) 평가
선적 비용이 얼마입니까?
견적서가 아직 준비되지 않았습니다.

(n) 회의; (대학의) 학기(morning ~s 오전의 수업)
오늘 회의가 몇 시인가요?
9시입니다.

(a) 능력(자격)이 있는
신임 사장 어때요?
그는 정열적이고 능력이 있어요.

리모델링 견적이 얼마나 되나요?
약 백만 달러 정도요.

이 가방들 어떻게 해야 하나요?
제게 주세요.

자동차에 무슨 문제 있나요?
오늘 아침에 시동이 걸리지 않았어요.

Where 의문문

Where did you spend your vacation last year?
➡ The ski resort.

Where is Mr. Cho's office?
➡ It's on the first floor.

Where did you put the documents?
➡ I left them on your desk.

Where can I find a bookstore?
➡ Go straight this way.

cabstand [kǽbstænd]
Where is the **cabstand**?
➡ It's on the next corner.

Where did you learn English?
➡ I grew up in America.

Where can I buy suitcases at a reasonable price?
➡ The department store sells a wide selection.

Where did you see my files?
➡ I saw them on your desk.

작년에는 어디서 휴가를 보내셨나요?
스키장에서요.

조씨의 사무실은 어디인가요?
1층에 있어요.

서류들을 어디에 두셨나요?
당신 책상 위에 뒀어요.

서점은 어디에 있나요?
이쪽으로 쭉 가세요.

(n) (택시) 승강장, 주차장
택시 승강장은 어디에 있나요?
다음 모퉁이에 있어요.

영어를 어디서 배우셨나요?
저는 미국에서 자랐어요.

서류가방을 저렴하게 살 수 있는 곳이 어디인가요?
백화점이 다양하게 구비해 놓았어요.

제 서류철을 어디서 보았나요?
당신 책상 위에서 보았어요.

How 의문문

How long have you been working here?
➡ For ten years.

How long are you going to stay in Madrid?
➡ Two months.

How many employees did we hire last year?
➡ About two hundred.

How many people are going to attend the workshop?
➡ I don't know yet.

How much is the cost for transportation?
➡ About 300 dollars.

outstanding [àutstǽndiŋ]
How much interest will be charged for an **outstanding** credit card balance?
➡ Eleven percent.

How often do you exercise?
➡ Once a week.

How often should the copying ink be changed?
➡ Let's check the manual.

How soon is the train departing?
➡ In five minutes.

이곳에서 얼마나 근무하셨나요?
4년이요.

마드리드에 얼마나 오랫동안 머무를 예정인가요?
두 달이요.

작년에 몇 명의 직원을 채용했나요?
약 200명이요.

몇 명이나 워크숍에 참석할 예정인가요?
아직 모릅니다.

교통 요금이 얼마입니까?
약 300달러 정도요.

(a) (부채 등이) 미결제의, (문제 등이) 미해결의; 눈에 띄는, 우수한
얼마의 연체이자가 제 신용카드 대금에 부과되나요?
11퍼센트요.

얼마나 자주 운동하시나요?
일주일에 한번이요.

얼마나 자주 복사기 잉크를 교환해야 하나요?
매뉴얼을 점검해 봅시다.

언제 기차가 출발하나요?
5분 후에요.

fill out
How quickly should I **fill out** the form?
➡ Within five days.

How was the conference you attended?
➡ It was very informative.

How did you know that I went to Paris?
➡ Your secretary told me.

When 의문문

When is the meeting held?
➡ Next Monday.

When will they publish the report?
➡ At the end of this week.

When does the restaurant open?
➡ At nine o'clock in the morning.

branch office
When do you visit the **branch office**?
➡ Not until five o'clock tomorrow afternoon.

When will the office construction begin?
➡ When I finish this contract.

~에 기입하다, (빈 자리)를 메우다,
언제 양식을 작성해야 하나요?
5일 이내로요.

당신이 참석한 회의는 어땠나요?
매우 유익했어요.

당신은 내가 파리에 간 것을 어떻게 알았나요?
당신 비서가 알려 주었어요.

회의는 언제인가요?
다음 주 월요일이요.

언제 보고서를 발표하나요?
이번 주 말에요.

식당은 언제 문을 여나요?
오전 9시입니다.

지점
언제 지사를 방문할 건가요?
내일 오후 5시는 되어야 합니다.

언제 사무실 공사를 시작하나요?
계약이 성사되면요.

When will you leave the office?
➡ As soon as I finish the report.

When will he notify you about the information?
➡ Right after they finish the interview.

Why 의문문

postpone [poustpóun]
Why is the conference **postponed**?
➡ We had some minor problems.

Why didn't you answer my calls?
➡ I was too busy.

Why did he postpone his appointment?
➡ He didn't tell me.

Why were you at home yesterday?
➡ I was not feeling well.

subscription [səbskrípʃən]
Why didn't they deliver your subscription?
➡ It hasn't been paid for.

Why haven't we been paid on our invoices yet?
➡ He had no time to.

언제 퇴근하나요?
보고서 작성이 끝나자 마자요.

그 정보에 관해 언제 알려주나요?
면접을 끝마친 직후에요.

(v) 연기하다(put off)
왜 회의가 연기되었나요?
사소한 문제가 좀 있었어요.

왜 전화를 받지 않으셨나요?
너무 바빴어요.

왜 그는 약속을 연기했나요?
그는 제게 아무런 말도 하지 않았어요.

왜 어제 집에 있었나요?
몸이 좋지 않아서요.

(n) 〈예약〉 신청, 응모; (정기 간행물의) 예약 구독(의 유효 기간); 기부금
왜 구독 잡지를 보내지 않았지요?
아직 구독료를 지불하지 않아서요.

왜 아직 송장 지급이 안 되었죠?
그 사람이 시간이 없었어요.

Who 의문문

office supply
Who is in charge of purchasing **office supplies**?
➡ Mr. Simpson is said to be.

Who estimated the cost of the delivery?
➡ The manager in your office.

Who is helping customers here?
➡ That's my job.

in charge of
Who is going to be **in charge of** our department?
➡ It hasn't been decided yet.

Whose turn is it next?
➡ Mine, I think.

Which 의문문

Which computer is yours?
➡ The one on the left.

Which side of the road do you drive on in America?
➡ It's the same as in your country.

사무용품
누가 사무용품 구입을 담당하고 있나요?
심슨 씨라고 들었어요.

배달비를 누가 계산했나요?
귀사의 부장님이요.

누가 이 고객들을 도와주나요?
그것은 제 일입니다.

~을 맡아서, 담당해서; ~에게 맡겨져, 위탁되어
누가 우리 부서의 책임자가 되나요?
아직 결정되지 않았어요.

다음은 누구 순서입니까?
접니다.

어느 것이 당신의 컴퓨터입니까?
왼쪽에 있는 것이요.

미국에서는 도로의 어느 쪽에서 운전하나요?
당신 나라와 같아요.

일반 의문문

Is he going to do move into an apartment?
➡ He says it will be convenient.

Is he going to participate in the meeting?
➡ He probably is.

Are you ready for the conference?
➡ Just wait a second.

Did you send us the samples?
➡ Yes, I forwarded them a week ago.

Do you carry the Times?
➡ Yes, they're over there in aisle 7.

Have you already finished reading the newspaper?
➡ No, but I can give you what I've read.

application form
Have you completed the **application form**?
➡ I already turned it in.

Will she be going to New York next week?
➡ She's planning to.

previous appointment
Will you be able to join our workshop?
➡ I have a **previous appointment**.

그 사람은 아파트로 이사 가나요?
편리할거라고 하던데요.

그는 모임에 참석할 예정인가요?
아마 그럴 겁니다.

회의 준비되었나요?
조금만 기다려 주세요.

그 샘플 보내셨나요?
네, 일주일 전에 보냈어요.

타임지를 파나요?
네, 7번 통로 쪽에 있어요.

신문을 벌써 다 읽으셨나요?
아니오, 그러나 읽은 부분은 드릴 수 있어요.

신청서, 지원서.
지원서를 작성했나요?
이미 제출했어요.

그녀는 다음 주에 뉴욕에 가나요?
그럴 예정이에요.

선약
워크숍에 오시겠어요?
선약이 있어요.

extra charge
Can the department store deliver my purchases?
➡ You have to pay an extra charge.

부정 의문문 ··

repairman [ripɛ́ərmæ̀n]
Isn't there a **repairman** in your shop?
➡ No, there isn't yet.

Wasn't it a sales job that you were looking for?
➡ No, I wanted to work as an accountant.

Don't you want to accept his invitation?
➡ No, I'm not interested.

Didn't we need approval to copy this document?
➡ We had to look into it.

graduate school
Didn't you study accounting in **graduate school**?
➡ No, I majored in English literature.

Won't you be joining the seminar in Madrid?
➡ The schedule has changed.

annual conference
Can't you postpone the **annual conference** for us?
➡ Take your time.

별도 금액
백화점에서 구입한 물건을 배달해 줄 수 있나요?
별도 금액을 지불하셔야 합니다.

(n) 수리공
당신 가게에는 수리공이 없나요?
네 아직은 없어요.

당신이 찾고 있던 일이 영업직 아니었나요?
아니오, 회계직을 원했어요.

그의 초대에 응하고 싶지 않나요?
아니오, 전 관심 없어요.

이 문서를 복사하려면 승인이 필요하지 않았나요?
우리가 알아봐야겠어요.

대학원
대학원에서 회계학을 공부하지 않나요?
아니오, 영문학을 전공했어요.

마드리드에서 열리는 세미나에 참석하지 않을 건가요?
일정이 바뀌었어요.

연례회의
연례 회의를 연기할 수 없나요?
천천히 하세요.

청유, 권유, 제안 의문문

cottage [kátidʒ]
Would you like to come over to my **cottage** for the holiday?
➡ That sounds great.

Could you help me with the party preparations?
➡ I'd be glad to.

look into
Why don't you **look into** the report?
➡ Yes, good idea.

procedure [prəsíːdʒər]
Should we look over the **procedures**?
➡ That's a better idea.

Can I get you something to drink?
➡ Ok, if it's no trouble.

May I ask to see your driver's licence?
➡ I'm sorry, I left it in my office.

부가 의문문

Mr. Cho is going to be the new boss, isn't he?
➡ Yes, from next week.

(n) 오두막집, 시골집
휴가 때 저희 별장에 오시겠어요?
좋아요.

파티 준비를 도와주실 수 있나요?
기꺼이 그러죠.

~을 주의 깊게 살피다, ~을 조사(연구)하다,
보고서를 검토해 보실래요?
네, 좋은 생각입니다.

(n) 진행, 경과
그 절차를 검토해야 하나요?
그게 더 낫겠어요.

마실 것 좀 드릴까요?
좋아요, 폐가 안 된다면요.

운전 면허증 좀 보여 주시겠어요?
사무실에 두고 왔어요.

조씨가 신임 사장이 되는 것이 맞죠?
네, 다음 주부터요.

The facsimile was repaired yesterday, wasn't it?
➡ Yes, it's working now.

resignation [rèzignéiʃən]
He hasn't submitted his **resignation** yet, has he?
➡ As far as I know.

You don't know many people in this city, do you?
➡ No, I made some friends.

선택 의문문

Would you prefer a sedan or a convertible?
➡ I would much prefer driving a sedan.

Are you going to meet today or tomorrow?
➡ Today.

technician [tekníʃən]
Was this photocopier serviced or do I need to use another one?
➡ The **technician** was here this morning.

Would you like to go out with us or stay here?
➡ I'm not in the mood for having fun.

Will you be going by taxi or bus?
➡ I'm taking a subway.

팩시밀리를 어제 수리하지 않았나요?
했어요, 지금은 작동이 되요.

(n) 사표, 사임, 포기
그는 아직 사직서를 제출하지 않았죠?
제가 알기로는 그래요.

당신은 이 도시에서 아는 사람이 많지 않죠?
네, 친구를 몇 명 사귀었어요.

세단이 좋으세요, 아니면 컨버터블이 좋으세요?
나는 세단이 훨씬 좋아요.

오늘 만납니까 아니면 내일 만납니까?
오늘이요.

(n) 기술자; 전문가
이 복사기 서비스 받았어요, 아니면 다른 것을 사용해야 하나요?
기술자가 오늘 오전에 왔었어요.

우리와 외출 하실래요 아니면 여기에 그냥 있을래요?
재미있게 놀 기분이 아니에요.

택시로 갈 건가요 아니면 버스로 갈건가요?
지하철을 탈거에요.

Do you want to get the document by fax or e-mail?
➡ I can drop by your office.

Would you prefer smoking or nonsmoking?
➡ It doesn't matter.

Do you have to go now or can you wait?
➡ It's up to you.

평서문

You didn't have any problems locating my office, did you?
➡ No, your directions were clear.

You should get your car serviced.
➡ I haven't time to do it.

서류를 팩스로 받으실래요, 아니면 이메일로 받으실래요?
오후에 사무실에 들를 수 있어요.

흡연석이 좋아요 아니면 금연석이 좋아요?
상관없어요.

지금 가야하나요 아니면 기다려야 하나요?
당신이 결정하세요.

사무실을 찾는 데 힘드셨죠(?)
아니오, 약도가 분명했어요.

당신은 차를 정비 받아야 해요(?)
시간이 없어요.

PART 3 Short Conversations

ahead of time
The train arrived ten minutes **ahead of time**.

adopt [ədápt]
Mobile phones **adopt** better and more advanced features.

advertising agency
That has created significant demand for local **advertising agencies** like LG Ad.

alternative [ɔːltə́ːrnətiv]
The prospects of the **alternative** energy have already prompted much research.

as of now
As of now, HSDPA (High Speed Downward Packet Access) and WiBro are competing against each other to commercially deploy 4G (fourth generation) technology in Korea.

at the latest
I must be in the office by 8:20 **at the latest**.

at the moment
At the moment, Korea is discussing trade pacts with Japan, Singapore and Mexico.

필수 어휘

미리
기차가 10분 일찍 도착했다.

(v) 채택하다
휴대전화기에 더 좋고 더 발전한 기능들이 채택된다.

광고 대행사
그에 따라 LG애드와 같은 국내 광고회사에 대한 수요가 크게 증대했다.

(n) 대안
대체 연료 개발을 위해 이미 많은 연구가 이루어지고 있다.

지금부터, 오늘부로
지금 현재 HSDPA와 와이브로는 국내 4세대 기술 상용화에 있어 서로 경쟁을 벌이고 있다.

늦어도
나는 늦어도 8시 20분까지 사무실에 도착하지 않으면 안 된다.

현재
현재 한국은 일본, 싱가포르, 멕시코와 자유무역협정 체결을 협의 중에 있다.

based on
I will start a new labor-management culture **based on** the framework of dialogue built last year.

be due to do
It **is due to** make a decision in November on whether to cut the rate further or hold steady.

be good for
It's difficult to see whether premium brands will **be good for** the long-term.

merge with
Seoul Securities may **merge with** another financial firm.

be up for sale
The bank will **be put up for sale**.

close down
Many companies **close down** offices.

come to a standstill
A major problem is that administration **comes to a standstill** at a government agency once a standing committee starts audit and inspection.

come up with
He had ordered them to **come up with** countermeasures since Thursday night.

~을 토대로, 기준으로
작년에 쌓아올린 대화의 틀을 발판으로 새로운 노사문화를 이루어 나가겠다.

~할 예정이다
11월에 추가 금리 인하 여부에 관해 결정할 예정이다.

~동안 유효하다
프리미엄급 브랜드가 장기적으로 유효할지는 알기가 어렵다.

~와 합치다
서울증권이 다른 금융기관에 합병될지도 모른다.

팔려고 내놓다
그 은행은 공개 매각될 것이다.

폐쇄하다
많은 회사들이 사무실을 폐쇄했다.

멈추다
주된 문제점의 하나는 일단 상임 위원회가 회계감사를 시작하게 되면 정부 부처의 업무가 중단되게 된다는 것이다.

~을 마련하다
그는 목요일 밤 이후에야 대책을 마련하라고 그들에게 지시했다.

billing statement
A key feature of the Expat Card is that, all materials and support services will be in English including **billing statements**, a call centre, web page and special offers.

fall through
The negotiations **fell through**. .

demonstrate [démənstrèit]
He **demonstrated** the new car.

draw up
The Justice Ministry needs to **draw up** a commentary paper for the public and media to understand.

get ~ done
I can't **get** any work **done**.

move [muːv]
I won't be **moving** in until next week.

hold an opening ceremony
The German industrial group **held an opening ceremony** yesterday for the 3,570-square-meter facility.

keep up with
I'm having trouble **keeping up with** you.

청구서
엑스팻 카드의 특징은 대금청구서, 콜센터, 웹페이지, 특별 조건 등을 포함한 모든 자료와 지원 서비스가 영어로 제공된다는 점이다.

차질을 가져오다
협상이 수초로 돌아갔다.

(v) 시연하다
그는 그 신차를 시연해 보였다.

작성하다, 쓰다
법무부는 국민과 언론의 이해를 돕기 위한 설명 문서를 작성할 필요가 있다.

~을 끝내다
나는 일을 끝낼 수가 없어요.

(v) 이사하다
다음 주가 되어서야 이사할 겁니다.

개장식을 열다
그 독일 업체는 어제 연면적 3,570평방미터 규모의 공장 개장식을 가졌다.

~을 따라가다
당신을 따라가기 힘듭니다.

in a row
The company has reported an operating profit for the third quarter **in a row** last quarter.

job cutback
Four others favored **job cutbacks**.

in operation
Two labor unions of low-level government workers have been **in operation** for years without the state's authorization.

insurance provider
GE Insurance Solutions Group is stepping up its efforts to share risks with Korean nonlife **insurance providers**.

itinerary [aitínərèri]
Upon the evaluation, we will specify our **itinerary** on aid and mobilize help from the international community.

lounge area
The **lounge area** on the 24th floor offers light meals and beverages throughout the day.

make up
This doesn't **make up** for the weak script.

maternity leave
The new scheme increased **maternity leave** to 120 days from 90 days.

연속해서
회사는 지난 분기에 3분기 연속 영업이익 시현을 발표했다.

인력 감축
4명은 인력 감축하는 쪽을 원했다.

가동 중인
하위직 공무원의 두 개 노조가 정부의 승인을 받지 못 한 채 수 년 동안 가동되어 왔다.

보험회사
GE Insurance Solutions Group은 한국 손해보험업체와의 리스크 분담을 위한 노력을 강화하고 있다.

(n) 여행 일정
평가가 이루어지는 대로 우리는 지원 일정을 수립해 국제사회의 지원을 촉구할 것이다.

휴식 공간
24층 휴식 공간에서는 낮 시간 동안 가벼운 식사와 음료를 제공한다.

보충하다, 메우다
이것이 엉성한 대본을 보완하지는 못한다.

출산 휴가
새로운 제도는 과거 90일이었던 출산휴가를 120일로 늘렸다.

office complex
They are a sewage disposal system, an **office complex** and the Saladin University in Irbil.

on duty
Several thousand policemen were **on duty** trying to minimize the traffic chaos.

operating budget
The Japan Foundation, which was established in 1972, operates with an **operating budget** of about $150 million.

outlying areas
Other southern areas were also cloudy and windy, affected by the **outlying areas** sweep of the typhoon.

originate in
The dust **originates in** Central Asia. .

put together
Under the current situation, it is necessary to **put together** a proposal that is unsatisfactory, but irresistible to both sides.

refrain from
The agreement urges companies to **refrain from** unnecessary layoffs.

사무 단지
그 사업들은 하수처리시설 공사와 사무 단지 공사 그리고 Irbil의 살라딘대학 신축공사다.

근무 중인
수천 명의 경찰이 교통 혼란을 최소화하기 위해 동원됐다.

운영 예산
1972년에 설립된 일본국제교류기금은 약 1억 5천만 달러 규모의 예산으로 운영되고 있다.

외곽 지역
기타 남부지방도 태풍의 간접 영향으로 구름이 많이 끼고 바람이 많이 불었다.

~에서 출발하다
황사는 중앙아시아에서 발원한다.

모으다, 합치다
현재 상황 하에서 양측에게 '불만족스럽지만 거부할 수 없는' 제안을 마련하는 게 필요하다.

~하지 않다
본 합의에서는 기업이 불필요한 해고를 자제하도록 요구하고 있다.

replacement cost
Employees will be charged the full **replacement cost** of any hotel property not returned.

superb [supə́:rb]
Since 1969, the Tokyo String Quartet has been lauded around the world for its **superb** musicianship and rich sounds.

supplementary funds
They ruled out a second **supplementary funds[budget]** within a year.

terms [tə:rm]
We could hardly decide which of the **terms** offered by Woori and Yuanta is better.

the press
We realize **the press**, analysts and shareholders are skeptical.

slow down
We don't expect private consumption to pick up strongly enough to mitigate a **slow down** in exports growth.

under the weather
He's been **under the weather** since yesterday.

대체 비용
반납하지 않은 호텔 물품에 대해서는 직원들이 대체 비용을 전액 물어야 합니다.

(a) 훌륭한, 일류의
1969년 이래로 도쿄 현악 4중주단은 탁월한 음악성과 농염한 음색으로 전 세계 음악팬들의 찬사를 받아오고 있다.

예산, 보조금
그들은 올해 안에 또 경정예산을 편성할 가능성은 배제했다.

(n) 조건
우리금융지주와 유완타 증권이 제시한 조건의 우열을 가리기 어려웠다.

언론
우리는 언론, 애널리스트, 주주들이 회의적인 생각을 갖고 있다는 것을 잘 알고 있습니다.

경제성장의 둔화, 경기 후퇴
민간소비가 수출성장 둔화의 영향을 상쇄할 만큼 크게 증가할 것으로는 기대하지 않는다.

기분이 좋지 않은, 건강이 좋지 않은
그는 어제부터 몸이 좋지 않다.

PART 3 Short Conversations

대화의 주제를 묻는 문제

What are the speakers discussing?
➡ Clothing items.

shipping
What are the speakers discussing?
➡ A **shipping** problem.

Refreshments
What are the speakers discussing?
➡ **Refreshments**.

What are the speakers mainly discussing?
➡ A missing calculator.

대화 속 장소를 묻는 문제

Where does this conversation take place?
➡ On a train.

Where does this conversation take place?
➡ In a physician's office.

Where will the speakers meet?
➡ In the cafeteria.

필수 표현

화자들은 무엇을 토론하고 있는가?
의류 품목

(n) 선적; 해운업
화자들은 무엇을 토론하고 있는가?
선적 문제

(n) (pl. 가벼운) 음식물, 청량음료; 원기 회복
화자들은 무엇을 토론하고 있는가?
다과

화자들은 주로 무엇을 토론하고 있는가?
분실된 계산기

이 대화는 어디에서 이루어지는가?
기차에서

이 대화는 어디에서 이루어지는가?
내과에서

화자들은 어디에서 만나는가?
식당에서

Where does this conversation take place?
➡ At a grocery store.

Where are the speakers?
➡ In a museum.

Where does the conversation take place?
➡ At a hotel.

Where does the conversation take place?
➡ At a dry-cleaning shop.

Where does the conversation probably take place?
➡ At a hotel front desk.

Where most likely are the speakers?
➡ At a restaurant.

Where does this conversation most likely take place?
➡ In a travel agency.

대화 속 화자를 묻는 문제

Who is the man?
➡ An automobile salesperson.

Who is the woman?
➡ A job applicant.

이 대화는 어디에서 이루어지는가?
식료품점에서

화자들은 어디에 있는가?
박물관에서

이 대화는 어디에서 이루어지는가?
호텔에서

이 대화는 어디에서 이루어지는가?
세탁소에서

이 대화는 어디에서 이루어 진 것 같은가?
호텔 프론트 데스크에서

화자들은 어디에 있는 것 같은가?
식당에

이 대화는 어디에서 이루어 진 것 같은가?
여행사에서

남자는 누구인가?
자동차 영업사원

여자는 누구인가?
지원자

Who is Daniel?
➡ The new plant manager.

Who most likely is the woman?
➡ The moving-company employee.

promote [prəmóut]
Who was **promoted**?
➡ Martha.

Who is the man talking to?
➡ A bank teller.

Who are the speakers?
➡ Teachers.

Who are the speakers?
➡ Bakers.

유추적인 내용을 묻는 문제

Who most likely are the speakers?
➡ Hotel employees.

Where does the man plan to go this weekend?
➡ To a national park.

How will the woman get more information?
➡ By contacting a professional.

대니얼은 누구인가?
신임 공장장

여자는 누구일 것 같은가?
이삿짐센터 직원

(v) 진급하다
누가 승진했는가?
마사

남자는 누구와 대화 하고 있는가?
은행 출납계원

화자들은 누구인가?
교사들

화자들은 누구인가?
제빵업자들

화자들은 누구일 것 같은가?
호텔 직원들

남자는 이번 주말에 어디에 갈 계획인가?
국립공원에

여자는 어떻게 더 많은 정보를 얻을 것인가?
전문가와 연락을 취함으로써

How many books will the speakers probably order?
➡ Ten.

Who most likely are the speakers?
➡ Librarians.

Who is the man most likely talking to?
➡ A bookstore employee.

When will the woman probably go to see her doctor?
➡ Friday.

Where will the woman probably go next?
➡ To a store.

Where most likely are the speakers?
➡ In a car.

Where most likely are the speakers?
➡ In a concert hall.

How will the speakers probably travel to the conference?
➡ By plane.

Where will the speakers probably meet?
➡ At a theater.

Who most likely are the speakers?
➡ Interior decorators.

화자들은 몇 권의 책을 주문할 것인가?
10권

화자들은 누구일 것 같은가?
도서관 사서들

남자는 누구와 대화 하고 있는 것 같은가?
서점 직원

언제 여자는 의사의 진료를 받으러 갈 것인가?
금요일

여자는 다음에 어디로 갈 것 같은가?
가게로

화자들은 어디에 있는 것 같은가?
차안에

화자들은 아디에 있는 것 같은가?
콘서트 장에

화자들은 어떻게 회의장에 갈 것 같은가?
비행기로

화자들은 어디서 만날 것 같은가?
극장에

화자들은 누구일 것 같은가?
실내 장식가

Who most likely is Ms. Franklin?
➡ An accountant.

What will the woman probably do tomorrow?
➡ Give a presentation.

What is the man probably going to do next?
➡ Ask Patricia for an address.

What will the woman probably do next?
➡ Contact the repair service.

Where do the speakers probably work?
➡ At an advertising agency.

Who will probably send the fax?
➡ Michael.

How will the speakers probably travel to the meeting?
➡ By bus.

When will the man probably leave the office?
➡ At 3:00.

Where do the speakers probably work?
➡ At a newspaper office.

프랭클린은 누구일 것 같은가?
회계사

여자는 내일 무엇을 할 것 같은가?
발표회

남자는 다음에 무엇을 할 것 같은가?
Patricia에게 주소를 물어 본다.

여자는 다음에 무엇을 할 것 같은가?
정비소에 연락 한다.

화자들은 어디에서 일하는 것 같은가?
광고 대행사에서

누가 팩스를 보낼 것 같은가?
Michael.

화자들은 어떻게 회의에 갈 것 같은가?
버스로

남자는 언제 퇴근할 것 같은가?
3시에

화자들은 어디에서 일하는 것 같은가?
신문사에서

대화의 부분을 듣고 푸는 문제

What does the man suggest?
➡ Contacting the camera's manufacturer.

What did the man forget about?
➡ A class.

What does the man offer to do?
➡ Review the material for a presentation.

What does the man say about Akiko?
➡ She moved to another city.

What is the woman waiting for?
➡ A visit from a technician.

What will the man do next?
➡ Eat some food.

What is the woman asking for?
➡ A pair of shoes.

What does the woman say?
➡ Some food is available in the conference room.

What is the man going to do?
➡ Give a presentation.

남자는 무엇을 제안하는가?
카메라 제조업자에 연락을 취하는 것

남자는 무엇에 관해 잊고 있는가?
수업

남자는 무엇을 하라고 제안하는가?
발표 자료를 점검해라

남자는 Akiko에 관해 무엇이라고 하는가?
그녀는 다른 도시로 이사했다.

여자가 기다리고 있는 것은 무엇인가?
기술자 방문

남자는 다음에 무엇을 할 것인가?
음식을 먹는다.

여자는 무엇을 요청하고 있는가?
신발 한 켤레

여자는 무엇이라고 말하는가?
음식은 회의실에 이용 가능 합니다.

남자는 무엇을 할 예정인가?
발표를 한다.

What was the problem with the man's flight?
➡ It took off late.

What is the purpose of this talk?
➡ To introduce an award winner.

What do the speakers imply about Mr. Duffy?
➡ He would be a good supervisor.

What does the man say about the play?
➡ It is unrealistic.

What are the speakers discussing?
➡ A new employee.

What are the speakers discussing?
➡ A television show.

What has Anna been doing for the last week?
➡ Attending a training course.

What does the man say about the store's piano lessons?
➡ The lessons are too expensive.

What will the woman do next?
➡ Call a delivery service.

What is the woman going to do next?
➡ Buy a newspaper.

남자의 비행기에 문제점은 무엇인가?
늦게 출발했다.

이 대화의 목적은 무엇인가?
수상자를 소개하기 위한 것

화자들은 Mr. Duffy에 관해 무엇을 암시하고 있는가?
그는 훌륭한 감독관이 될 것이다.

남자는 연극에 관해 무엇이라고 말하는가?
비현실적이다.

화자들은 무엇을 논의하고 있는가?
신입 사원

화자들은 무엇을 논의하고 있는가?
텔레비전 쇼

Anna는 지난 주 동안 무엇을 해 왔는가?
교육과정에 참석하고 있다.

남자는 가게의 피아노 레슨에 관해 무엇이라고 말하는가?
레슨비가 너무 비싸다.

여자는 다음에 무엇을 할 것인가?
배달서비스를 부른다.

여자는 다음에 무엇을 할 예정인가?
신문을 구입한다.

What does the man say about the restaurant?
➡ It offers some inexpensive meals.

Why did the X-2000 sell poorly last year?
➡ It was too expensive.

Why does the woman want to find Yoko?
➡ To ask her a question about work.

Why does the woman want the job?
➡ The schedule seems convenient.

Why is the woman calling?
➡ To inquire about an application.

Why did the woman miss the meeting?
➡ Her bus was late.

Why is the man calling?
➡ To ask about an order.

Why does the woman suggest a change in plans?
➡ It might rain soon.

Why is Aaron unavailable?
➡ He is on vacation.

Why is the woman relieved?
➡ She will be able to attend a meeting.

남자는 레스토랑에 관해 무엇이라고 말하는가?
값싼 식사를 제공한다.

왜 작년에 X-2000이 조조하게 판매되었는가?
너무 비쌌다.

왜 여자는 Yoko를 찾기를 원하는가?
그녀에게 일에 관해 물어보기 위해

왜 여자는 그 일을 원하는가?
일정이 편리한 것 같아서

왜 여자는 전화하고 있는가?
지원서에 관해 물어보기 위해서

왜 여자는 회의를 하지 못했는가?
그녀의 버스가 늦어서

왜 남자는 전화하고 있는가?
주문에 관해 물어보기 위해

왜 여자는 계획 변경을 제안하는가?
곧 비가 올 것 같아서

왜 Aaron은 전화를 할 수 없는가?
그는 휴가 중이다.

왜 여자는 안도했는가?
그녀는 회의에 참석할 수 있기 때문에

Why does the man need the sales figures?
➡ To use them for a report.

Why were the speakers surprised by the play?
➡ The theater was full of people.

Why did the automobile mechanic call the woman?
➡ To discuss the price for a repair.

Why are the customers complaining?
➡ They are not getting everything they ordered.

Why is Chris going to Rome?
➡ To work there.

Why did Mr. Goldman call the woman?
➡ He wanted to ask about a report.

Why is the woman buying a newspaper?
➡ To find movie information.

Why will the speakers contact the building manager?
➡ To open the door of a room.

Why did the man order maple cabinets?
➡ The walnut cabinets are no longer made.

Why might the man respond to an ad?
➡ To apply for a job.

왜 남자는 판매수치가 필요한가?
그것들을 보고서에 사용하기 위해

왜 화자들은 연극에 놀랐는가?
극장에 사람들이 많아서

왜 자동차 기계공이 여자에게 전화를 했는가?
수리비용에 관해 논의하기 위해서

왜 고객들은 불평하는가?
그들은 그들이 주문한 모든 것을 얻을 수 없었기 때문에

왜 Chris는 로마에 가는가?
그곳에서 일하기 위해서

왜 Goldman 씨가 여자에게 전화를 했는가?
그는 보고서에 관해 물어보기를 원했다.

왜 여자는 신문을 구입하는가?
영화 정보를 찾기 위해서

왜 화자들은 빌딩 관리자와 연락하려고 하는가?
방문을 열기 위해서

왜 남자는 단풍나무 재목 캐비닛을 주문했는가?
호두나무 재목 캐비닛이 더 이상 제작되지 않기 때문에

왜 남자는 광고에 반응했는가?
일자리를 지원하기 위해서

Why did the man miss the presentation?
➡ He was at a doctor's office.

Why does the woman want to know the time difference?
➡ She has to make a telephone call to Japan.

Why is the man concerned?
➡ He is having a problem with his computer.

Why is the woman unable to reach Mr. Brown?
➡ He is on vacation.

Why did Frank transfer to another city?
➡ He received a promotion.

Why is the man calling?
➡ To change a meeting date.

When will most of the order arrive?
➡ On Monday.

When will the invitations be mailed?
➡ Next Monday.

When is Shirley going to return?
➡ On Friday.

When is Ms. Finn retiring?
➡ In September.

왜 남자는 발표를 하지 못했는가?
그는 병원에 있었다.

왜 여자는 시간 차이를 알고 싶어 하는가?
그녀는 일본에 전화를 걸어야만 한다.

남자가 걱정하고 있는 이유는?
그는 컴퓨터에 문제가 있다.

왜 여자는 Brown 씨와 연락할 수 없는가?
그는 휴가 중이다.

왜 Frank는 다른 도시로 전임 했는가?
그는 승진을 했다.

왜 남자는 전화하고 있는가?
모임 날짜를 변경하기 위해서

언제 주문한 물건이 도착하는가?
월요일에

언제 초대장을 보낼 것인가?
다음 주 월요일에

언제 Shirley가 돌아오는가?
금요일에

언제 Finn 양이 퇴임하는가?
9월에

When will Mr. Suzuki be transferred to Hong Kong?
➡ Next Week.

When does the exhibit end?
➡ Next week.

When will the woman go on holiday?
➡ In August.

When is the plane scheduled to leave?
➡ At 7:00.

When will the man return to the laboratory?
➡ Today.

When is the woman available?
➡ At 4:10 p.m.

When did the company close the visitor's parking area?
➡ Last night.

When must the man finish the project?
➡ By Thursday.

When will the man's meeting be held?
➡ Tomorrow afternoon.

When will the conference be held?
➡ In August.

언제 Suzuki 씨는 홍콩으로 전임될 것인가?
다음 주에

언제 전시회가 끝나는가?
다음 주에

언제 여자는 휴가를 갈 것인가?
8월에

언제 비행기가 떠날 예정인가?
7시에

언제 남자는 실험실에 복귀할 것인가?
오늘

언제 여자는 이용가능한가?
오후 4시 10분에

안제 회사는 방문객들의 주차장을 폐쇄 하는가?
지난 밤에

언제 남자는 프로젝트를 끝내야만 하는가?
목요일 까지

언제 남자의 회의가 열릴 것인가?
내일 오후에

언제 회의가 열릴 것인가?
8월에

When will the woman go to see the doctor?
➡ At 9:30 a.m.

When was the man's original deadline?
➡ At three o'clock.

When will the men meet?
➡ Twelve o'clock.

pharmacy [fá:rməsi]
Where is the man going?
➡ To a **pharmacy**.

Where does the man live now?
➡ In Thailand.

Where is the file?
➡ At a storage facility.

How often does the committee meet?
➡ Once a month.

How will the man get to Chicago?
➡ By train.

How long has Yoshi been in the sales department?
➡ Twenty-five years.

How will Mr. Gomez get to the airport?
➡ By car.

언제 여자는 검진할 것인가?
오전 9시 30분에

남자의 원래 마감일은 언제인가?
3시

언제 남자들을 만날 것인가?
12시에

(n) 약국
남자는 어디에 가고 있는가?
약국에

남자는 지금 어디에 사는가?
타일랜드에

파일은 어디에 있는가?
보관소에

얼마나 자주 위원회는 모이는가?
한 달에 한번

남자는 어떻게 시카고에 도착할 것인가?
기차로

Yoshi는 얼마나 오랫동안 영업부에 있었는가?
25년

Gomez 씨는 어떻게 공항에 도착할 것인가?
승용차로

How does the man try to contact Mr. Kellon?
➡ By telephone.

How many people have been invited?
➡ 30.

How does the woman feel?
➡ Nervous.

How will the woman have the inventory completed?
➡ By asking the employees.

How does the woman plan to choose the furniture?
➡ By visiting a furniture store.

How many envelopes will the man buy?
➡ 20.

How many people are expected to attend the reception?
➡ 40.

How did the man get to the meeting?
➡ bus.

How often does the company usually give bonuses?
➡ Once every year.

How will the woman solve the problem?
➡ She will supply the transaction number.

남자는 어떻게 Kellon 씨와 연락하려고 하는가?
전화로

몇 명이 초대 받았는가?
30명

여자는 기분이 어떤가?
초조하다.

여자는 어떻게 재고조사를 끝낼 것인가?
직원들에게 물어본다.

여자는 어떻게 가구를 고를 계획인가?
가구점을 방문한다.

남자는 몇 장의 봉투를 구입할 것인가?
20장

몇 명이 환영회에 참석할 것 같은가?
40명.

남자는 어떻게 모임에 도착 했는가?
버스로

회사는 보통 얼마나 자주 보너스를 주고 있는가?
1년에 한 번

여자는 어떻게 그 문제를 해결할 것인가?
그녀는 거래 번호를 줄 것이다.

How will the man send the contracts?
➡ By messenger.

Who was hired for the job?
➡ Mr. Taylor.

Who is organizing a party?
➡ Gloria Ortega.

warehouse [wέərhàus]
Who is probably going to be sent to the **warehouse**?
➡ A maintenance worker.

Who does the briefcase belong to?
➡ Mr. Kim.

Who was the speaker at the banquet?
➡ Yoshiko.

남자는 어떻게 그 계약서를 보낼 것인가?
전령을 통해서

누가 그 일에 고용되었는가?
Taylor 씨

누가 파티를 주관하고 있는가?
Gloria Ortega

(n) 창고, 도매점
누가 창고로 보내질 것인가?
유지보수 노동자

서류 가방은 누구 것인가?
김씨

연회장에서 화자는 누구였는가?
Yoshiko

PART 4 Short Talks

a few minor problems
Although we had **a few minor problems** in the country, our commitment to the plan is the same.

a variety of
A wide **variety of** new rules and policies covering society, economy, welfare, and foreign workers are scheduled to begin this year as a result of legal revisions.

access road
During the 2003 general strike, truckers blocked the **access roads** to ports with their vehicles, virtually paralyzing export cargo transportation.

home appliances
The global demand for **home appliances** is expected to increase from $127.5 billion last year to $141 billion by 2007.

as for
As for the color of the protein, the researchers said the greenish hue makes it easier to detect.

authentic [ɔːθéntik]
Props were donated by HSBC and the Australian Broadcasting Company to make the English village's 34 scenarios look **authentic**.

필수 어휘

약간의 사소한 문제들
슬로바키아 현지에 사소한 문제가 있지만 그 계획에 대한 우리의 의지는 변함없다.

매우 다양한, 광범위한
법률 개정을 통해 사회, 경제, 복지, 외국인 근로자 등과 관련된 광범위한 새로운 규정과 정책이 올해 시행될 예정이다.

진입로
2003년 총파업 때는 화물 기사들이 자신들의 트럭으로 항구 진입로를 막아 사실상 수출화물 운송을 마비시켰다.

가정용 기구 일체
가전제품의 세계 수요는 작년의 1,275억불에서 2007년에는 1,410억불에 달할 것으로 예상되고 있다.

~에 관해서
단백질의 색깔에 있어 연구진은 녹색이라 찾기가 쉽다고 말했다.

사실의, 실제의
영어마을의 34개 시나리오를 진짜 모습처럼 보이게 하기 위해 HSBC와 호주방송공사가 소도구들을 기부했다.

similar to
Similar to the meeting in 2000, no formal agenda for discussion has been set and the talks will convene in the order of interest.

business hours
Our **business hours** are 8 a.m. to 8 p.m., Monday through Saturday.

carry out
Lack of communication is a serious obstacle for foreigners to be able to **carry out** official business.

circulate [sə́:rkjəlèit]
We also want to avoid unnecessary rumors that may **circulate**.

depict [dipíkt]
Books and magazines that best **depict** New Zealand lifestyle are also available.

economic condition
The overall **economic condition** is still in bad shape and people will not be able to find stable jobs for the time being.

entail [intéil]
The system would **entail** incremental yearly salary cuts for workers after they reach a certain age in return for job security.

~와 유사한
2000년에 열렸던 회담과 비슷하게 공식적인 의제는 정하지 않았으며 협상은 관심사에 따라 진행될 것이다.

근무(영업)시간
저희 근무 시간은 월요일부터 토요일까지, 오전 8시부터 오후 8시까지입니다.

수행하다, 시행하다
의사소통 문제는 외국인들이 비즈니스를 수행하는 데 심각한 장애요인이 됩니다.

(v) 이야기하며 돌아다니다, 유포하다, 퍼뜨리다
불필요한 루머가 도는 것도 피하고 싶다.

(v) 묘사하다
뉴질랜드의 라이프스타일을 가장 잘 묘사하는 도서와 잡지도 찾을 수 있다.

경제 상황
전체적인 경기 상황이 여전히 좋지 않아 국민들은 당분간 안정된 직장을 찾기가 힘들 것이다.

(v) ~을 유발(수반)하다
이 제도는 직원이 고용 보장을 대가로 특정 연령 이후에 매년 연봉을 삭감하는 것이다.

financial institution
JP Morgan Corsair is a $1 billion private equity fund with investment expertise in **financial institutions**, according to JP Morgan.

fluctuation in
The side effects of real estate speculation have still not subsided, causing the **fluctuation in** real estate market prices.

guide A through B
Two stunning videos **guide** you **through** true-life dramas of our most familiar backyard birds.

highlight [háilàit]
Members of the organizing committee were in New York to publicize this year's participants and to **highlight** its unique viewer-participant program.

in the future
The determination of the people to protest will intensify **in the future**.

job description
Is it possible that what I assumed was a friendship is actually an extension of my **job description**?

make a move
The U.S. has demanded that China **make a** quick **move** to a more flexible exchange rate.

금융 기관
JP 모건은 자본금 10억 달러 규모의 사모펀드로(private equity fund) 금융기관에 대한 투자를 전문으로 하고 있다.

~의 불안정, ~의 변동
부동산투기의 부작용은 지금도 가라앉지 않고 부동산 가격을 뒤흔들고 있다.

A에게 B를 인도하다(설명하다)
두 편의 흥미진진한 비디오를 통해 우리와 가장 친근한 새들의 생활상을 보실 수 있습니다.

(v) ~을 강조하다, ~에 중점을 두다
조직위원회 회원들은 올해 참가자들을 홍보하고 참여관객 중심의 프로그램을 강조하기 위해 뉴욕에 올라왔다.

앞으로, 장차
시민들의 항의 결정은 앞으로 더 거세질 것이다.

직무 내용 설명서, 직무 규정
제가 우정이라고 생각했던 것들이 사실은 제 업무의 연장일 수 있을까요?

조치를 취하다
미국은 중국이 변동환율제로 신속하게 전환할 것을 요구해 왔다.

refurbish [riːfə́ːrbiʃ]
My husband gave Sally a large down payment on a new house, **refurbished** her pool, and installed new appliances.

retail store
More than 30 percent of the discount **retail store** market is dominated by Korean player E-Mart.

safety regulations
The government plans to toughen **safety regulations** on Kimchi.

spreadsheet [sprédʃːit]
I entered the data into a **spreadsheet**.

suitable for
We feel that Plenus is most **suitable for** realizing our plans.

take measures
We will **take measures** to respond to cyber attacks promptly and enhance cooperation with other agencies.

touch on
He also plans to **touch on** measures for stabilizing the Korean economy.

(v) 재단장하다
남편은 샐리가 새 집을 구입하도록 거액의 초입금을 지불했고 그 집에 딸린 수영장을 새로 단장해 주었으며 새로 가전제품을 들여 놔주었다.

소매점
할인점 시장의 30% 이상이 국내 대표 유통업체인 이마트에 의해 주도되고 있다.

안전규정
정부는 김치에 대한 안전 기준을 강화할 계획이다.

회계 프로그램, 스프레드시트
나는 자료를 스프레드시트에 입력했다.

~에 적합한
Plenus가 우리 계획을 실현하는 데 가장 적합하다고 보고 있습니다.

조치를 취하다
사이버 공격에 신속하게 대응하고 또 다른 기관과의 협력을 고취하기 위한 대책을 취하겠다.

언급하다, 다루다
그는 또 한국 경제의 안정 대책에 대해서도 언급할 계획이다.

underway [ˌʌndərwéi]
I cannot get into details about the credit card problem as special inspections are now **underway**.

together with
London's only specialized stereo repairer, London Sound, offers a high standard of workmanship, **together with** free estimates on demand.

the least expensive
The CX 3100 printer is **the least expensive** printer on the market.

society [səsàiəti]
The lecture, which is part of the regular Royal Asiatic **society** meetings, begins at 7:30 p.m.

occasion [əkéiʒən]
Seafood restaurants at the eastern end of the beach are offering a 10 percent discount for the **occasion**.

hands-on
Ours is a **hands-on** approach, much like a residential home.

latest work
His **latest works** reflect what is really happening in a chaotic city where skyscrapers and large structures are constantly being built.

(a) 진행 중인
현재 특별 조사가 진행 중이기 때문에 신용카드 문제에 관한 세부 사안을 논할 수는 없다.

~와 함께
런던의 유일한 스테레오 전문수리상인 '런던 사운드??'는 탁월할 수준의 기술을 제공하며, 요구가 있을 때에는 무료 견적서도 제공합니다.

가장 저렴한
CX 3100 프린터기는 시장에서 가장 저렴한 프린터기이다.

(n) 학회
영국 왕립 아시아 학회 정기 회의의 일환인 이번 강좌는 오후 7시 30분에 열린다.

(n) 행사
해변 동쪽 끝에 있는 씨푸드 음식점은 이번 축제 기간 중 10% 할인행사를 벌인다.

실제적인, 현장의
우리 호텔은 가정집과 같은 친밀한 서비스를 중요시 한다.

최신작품
그의 최신 작품들은 마천루와 대형 구조물들이 끊임없이 지어지고 있는 혼란에 찬 도시에서 실제로 벌어지고 있는 일을 반영하고 있다.

featured speaker
It is with great pleasure that I introduce this evening's **featured speaker**, Mr. Cho.

inventory [ínvəntɔ̀ːri]
The company's **inventory** has increased since 1996.

have control over
It will **have control over** pricing and almost everything in the domestic liquor market.

aging [éidʒiŋ]
The government is also considering measures to cope with an **aging** society.

주요 연사
오늘 밤의 특별 연사로 Mr. Cho를 소개하게 된 것을 영광으로 생각합니다.

(n) 재고(품)
회사의 재고는 1996년 이후 증가하고 있다.

관리하다, 제어하다, 지배하다
국내시장에서 가격결정 등 거의 모든 것을 지배하게 될 것이다.

노후, 고령
정부는 또 사회의 고령화에도 대책을 검토하고 있다.

PART 4 Short Talks

주제 및 목적을 묻는 문제

What is a speaker describing?
➡ A restaurant.

What is being announced?
➡ A new store opening.

incoming [ínkÀmiŋ]
What is the speaker mainly discussing?
➡ How to handle **incoming** telephone calls.

What is the main topic of the talk?
➡ The successful marketing for a food product.

What is the topic of the training?
➡ Internet advertisement.

What is the purpose of this message?
➡ To give details about some upcoming work.

What is the purpose of this talk?
➡ Discuss a sales promotion.

What is the purpose of the talk?
➡ To introduce a training class.

필수 표현

화자는 무엇을 설명하고 있는가?
레스토랑

무엇이 안내되고 있는가?
새 점포 개점

(n) (이익 따위가) 생기는

화자는 주로 무엇에 관해 이야기 하고 있는가?
수입 전화기를 다루는 법

이 담화의 주제는 무엇인가?
식품에 대한 성공적인 마케팅

교육의 주제는 무엇인가?
인터넷 광고

이 메시지의 목적은 무엇인가?
이번 일에 관해 상세히 설명하기 위해

이 담화의 목적은 무엇인가?
판촉을 논의하기 위해

담화의 목적은 무엇인가?
교육 시간을 소개하기 위해

What is the purpose of this announcement?
➡ To honor an employee.

What is the main purpose of this talk?
➡ To inform workers about a project.

행사 소식 및 안내에서 주제 및 대상을 묻는 문제

What kind of event is this?
➡ A health seminar.

Who is the speaker addressing?
➡ A public health analyst.

Who is being introduced?
➡ A Psychologist.

What is Jefferson Paper celebrating?
➡ An important anniversary.

What is having its opening on Saturday?
➡ A public recreation center.

What will happen on October 1?
➡ A celebration will take place.

Who is this announcement intended for?
➡ Office workers.

이 공지문의 목적은 무엇인가?
직원을 포상하기 위해

이 담화의 주목적은 무엇인가?
프로젝트에 관해 노동자들에게 알리기 위해

이것은 어떤 종류의 행사인가?
건강 세미나

연설하고 있는 화자는 누구인가?
공중 보건 당국자

누가 소개되고 있는가?
심리학자

Jefferson Paper는 무엇을 축하하고 있는가?
중요한 기념일

토요일에 무엇을 개장하는가?
공중 레크레이션 센터

10월 1일에 무슨 날인가?
축하연이 열릴 것이다.

이 공지문은 누구를 위한 것인가?
사무직 직원들

Who is the speaker talking to?
➡ Representatives from Vista Corporation.

What type of business is Britolini Brothers?
➡ A printing company.

What is being exhibited this month at the gallery?
➡ Paintings.

What department is newly open?
➡ The office furniture department.

수치, 요일, 시간, 금액을 묻는 문제

How hot is it expected to be next week?
➡ Between 26-28 degrees.

When will Ms. Carrera leave her office?
➡ At 3 o'clock.

When is the carpet originally scheduled to be installed?
➡ On Thursday.

How frequently are the interviews scheduled?
➡ Every 30 minutes.

When is the last tour of the exhibition on marine life?
➡ At 8:30 P.M.

화자는 누구에게 말하고 있는가?
기업의 대표

Britolini Brothers는 어떤 종류의 사업인가?
인쇄소

이번 달 갤러리에 전시되는 것은 무엇인가?
그림들

어떤 부서가 새롭게 문을 여는가?
사무 가구 부서

다음 주는 얼마나 더울 것으로 예상되는가?
26-28도 사이

Carrera 양은 언제 퇴근하는가?
3시에

원래는 언제 카펫이 설치될 예정이었는가?
목요일

얼마나 자주 면접을 하나요?
30분마다

해양 생물 전시회의 마지막 관람은 언제인가요?
오후 8시 30분에

When will the opening ceremony take place?
➡ At 11 A.M.

When will the store reopen on Monday?
➡ At 9:30 A.M.

How much is the monthly rent?
➡ 1200 euros.

How many stops will the express train make before reaching New Hope Park?
➡ Two.

When is Carlos scheduled to arrive?
➡ 9 a.m.

How long does the tour take?
➡ An hour.

Where does the tour begin?
➡ In the lobby.

At what time does the museum close?
➡ 5:30.

When is the flight expected to start boarding?
➡ In 30 minutes.

How long has Tom worked for Randolph industries?
➡ Twenty years.

언제 개장식이 열리나요?
오전 11시에

월요일 언제쯤 가게가 다시 개장하나요?
오전 9시 30분에

월 임대료는 얼마인가요?
1200유로

고속열차로 New Hope Park에 도착하려면 몇 정거장을 가야 하나요?
두 정거장이요.

언제 Carlos에 도착하나요?
오전 9시요

견학하는 데 얼마나 걸리나요?
1시간이요

어디에서 견학을 시작하나요?
로비에서

몇 시에 박물관은 문을 닫나요?
5시 30분에요

언제 비행기 탑승이 시작되나요?
30분 안에요

Tom은 Randolph 산업에서 얼마나 근무 했나요?
20년이요

장내 방송에서 장소를 묻는 문제

Where is this announcement being made?
➡ In an airport.

Who is most likely to be the speaker?
➡ A sales manager.

Where is this announcement being made?
➡ On the train.

vice [vais]
Who is speaking?
➡ A company **vice** president.

Where will Dr. Wong speak?
➡ In the Auditorium.

제품이나 서비스 광고에 관한 문제

According to the advertisement, where is the store located?
➡ Near the arena.

What is being offered for sale in the lounge car?
➡ Snacks.

What does the store sell?
➡ Lamps.

이 안내 방송이 이루어지는 장소는?
공항

화자는 누구일 것 같은가?
영업 부장

이 안내 방송이 이루어지는 장소는?
기차

(n) 대리인, 부관
화자는 누구인가?
회사 부사장

Wong 박사는 어디에서 말할 것인가?
강당에서

광고에 따르면 가게의 위치는 어디인가?
경기장 근처

객차에서 팔려고 내 놓은 것은 무엇인가?
스낵류

가게에서는 무엇을 파는가?
램프들

What service will be improved?
➡ Gas.

이유를 묻는 문제

Why has the audience come to Term Enterprises?
➡ To visit a production plant.

Why is the flight delayed?
➡ The weather is bad in the area.

Why does Jane Jackson leave this message?
➡ To arrange a time for delivery.

Why are the changes being made?
➡ To meet new security codes.

안내, 공지, 모임, 행사관련

What does Jane Jackson ask the listener to do?
➡ To return her phone call.

archaeology [àːrkiálədʒi]
Who is Dr. Wong?
➡ An **Archaeology** professor.

Who is Steve Hinkle?
➡ A computer expert.

어떤 서비스가 개선될 것인가?
가스

청중이 Term Enterprises에 와야만 하는 이유는?
생산 공장을 방문하기 위해

왜 비행기가 지체되었는가?
그 지역 날씨가 좋지 않아서

왜 Jane Jackson이 메시지를 남기는가?
배달 시간을 정하기 위해서

왜 변경되고 있는가?
새로운 보안 코드를 맞추기 위해서

Jane Jackson은 청자에게 무엇을 하라고 요청하는가?
응답전화를 해달라

(n) 고고학
Wong박사는 누구인가?
고고학 교수

Steve Hinkle은 누구인가?
컴퓨터 전문가

Where will an exhibit be set?
➡ In the lobby of a building.

founder[fàundər]
Who is James Fulton?
➡ The **founder** of Fulton Shipping.

Who is Paul Singh?
➡ A web-page designer.

Where are the works exhibited?
➡ On Morris street.

Who is Mr. Zenac?
➡ The President of the company.

견학, 여행, 관람, 방송, 보도

Who is asked to go to the ticket counter?
➡ Passengers with connecting flights.

What can people do at the end of the astronomy tour?
➡ Use a special telescope.

What is the speaker most likely doing?
➡ Guiding a tour.

What will the audience do?
➡ Learn to create a secure Web site.

어디에서 전시회가 열리는가?
건물 로비에서

(n) 창설(설립)자
James Fulton은 누구인가?
Fulton Shipping의 설립자

Paul Singh은 누구인가?
웹페이지 디자이너

그 작품은 어디에서 전시되는가?
모리스 거리

Zenac 씨는 누구인가?
회사 사장

누가 입장권 판매소에 가야 하는가?
연결 항공편 승객들

천문학 관람 끝에 사람들은 무엇을 할 수 있는가?
특별한 망원경을 이용한다.

화자는 무엇을 할 것 같은가?
관광 안내를 한다.

청중은 무엇을 할 것인가?
안전한 웹사이트를 만드는 것을 배운다.

READING COMPREHENSION

PART 5 · 6
Incomplete Sentences / Text Completion

PART 7
Reading Comprehension

PART 5·6 Incomplete Sentences/Text Completion

최우선 순위 명사

account [əkáunt]
Many clients have requested online access to their **account** information.

damage [dǽmidʒ]
Mr. Kim could deal with the **damage** caused by the snowstorm.

access [ǽkses]
A specific password is necessary for **access** to personal information.

charge [tʃɑːrdʒ]
To avoid a late **charge**, all books must be returned in time.

effect [ifékt]
A new regulation goes into **effect** next month.

increase [inkríːs]
According to the recent report, SAM Corporation showed a dramatic **increase** in profits.

performance AM [pərfɔ́ːrməns] BR [pəfɔ́ːməns]
Pagers should be turned off for the duration of the **performance**.

필수 어휘

예금 계좌
많은 고객들은 그들의 계좌정보에 온라인으로 접근할 수 있도록 요청했다.

피해, 손해, 손상
김씨는 눈보라에 의해 발생된 피해를 처리할 수 있었다.

접근, 출입
개인정보에 접근하기 위해서는 특정 암호가 필요하다.

요금; 책임
연체금을 지불하지 않으려면 모든 책들은 제때에 반납되어야 한다.

결과, 효과, 영향
새로운 규칙이 다음 달에 시행된다.

증가, 성장
최근 보고서에 따르면 SAM사는 수익에 있어서 인상적인 증가를 보여주었다.

업무, 공연, 수행
공연 중에는 호출기를 꺼야 합니다.

improvement [imprúːvmənt]
There will be a big **improvement** in operating procedures.

safety [séifti]
The **safety** inspection was carried out at the new factory.

competition AM [kàːmpətíʃn] BR [kɔ̀mpətíʃn]
As a result of increased **competition**, we must develop new machines.

notice AM [nóutis] BR [nə́utis]
Due to inclement weather, service will be suspended until further **notice**.

regulation [reɡjəléiʃn]
New employees should be cognizant of various company **regulations**.

evaluation [ivǽljuèiʃn]
Participants should drop off their **evaluation** forms in the box next to the entrance.

reduction [ridʌ́kʃn]
Students who received community service awards may be eligible for a **reduction** in course fees.

commitment [kəmítmənt]
The new plant manager declined Mary's invitation to dinner due to a previous **commitment**.

개선, 향상, 개량
운영절차상의 큰 개선이 있을 것이다.

안전
새 공장에서 안전 점검이 시행되었다.

경쟁
증가된 경쟁의 결과로 인해 우리는 새로운 기계를 개발해야만 한다.

알림, 공지, 주의, 통고
험한 날씨로 인해 서비스가 추후 공지가 있을 때까지 일시 정지될 것입니다.

규칙, 규정
신입 사원들은 다양한 회사의 규정을 알고 있어야 한다.

평가
참석자들은 입구 옆에 있는 상자 안에 평가양식을 놓아야 합니다.

감소, 축소
공동체 봉사 상을 받은 학생은 강의료 할인 혜택을 받을 자격이 있다.

헌신; 공약; 약속
선약 때문에 신임 공장장은 mary의 저녁 초대를 거절했다.

occupation AM[à:kjupéiʃn] BR[ɔ̀kjupéiʃn]
Write your name, address, and **occupation** on the label.

application [æplikéiʃn]
After completing an **application**, please return it to us.

appraisal [əpréizəl]
A good **appraisal** system should provide them with informative data.

interest [íntərəst, íntərest]
We read your report on operating costs with great **interest**.

procedure [prəsí:dʒə(r)]
To avoid inconvenience, please follow standard **procedures**.

proposal AM[prəpóuzəl] BR[prəpóuzəl]
The **proposal** must be completed by the end of the week.

demand AM[dimǽnd] BR[dimá:nd]
All employees are asked to work overtime because of the **demand** for products.

change [tʃeindʒ]
The recent **change** in the campaign culture does not necessarily mean less election violations.

직업
라벨 위에 이름과 주소, 직업을 쓰십시오.

신청, 지원(서), 적용
신청서를 작성하신 후에 우리에게 보내 주십시오.

평가, 감정
좋은 평가 시스템은 그들에게 유익한 자료를 제공할 것이다.

관심; 이자
우리는 운영비용에 관한 당신의 보고서를 큰 관심을 가지고 읽었다.

절차, 진행
불편함을 피하기 위해서 표준 절차를 따라 주십시오.

제안(서), 제의
그 제안은 주말까지 완성되어야 한다.

요청, 수요, 요구, 필요
제품에 대한 수요 때문에 모든 직원들은 연장근무를 요청받는다.

변화, 변동
최근과 같이 선거 문화에서의 변화가 꼭 선거법 위반행위가 줄어든 것을 의미하지는 않는다.

detail [díteil, diːtéil]
The map showed the region around the capital in **detail**.

우선 순위 명사 ··

facility [fəsíləti]
The new **facility** has some advantages.

participation AM [pɑːrtìsəpéiʃn] BR [pɑːtìsipéiʃn]
They offer opportunities for **participation** in research.

figure AM [fígjər] BR [fígjə(r)]
Sales **figures** for the last quarter are much higher than expected.

dedication [dèdikéiʃn]
Dr. Rivera will receive the award for the **dedication**.

effort AM [éfərt] BR [éfət]
The company will make every **effort** to reach an agreement.

feature [fíːtʃər]
The recently opened resort has many **features**.

receptionist [risépʃənist]
Please leave your key with the **receptionist** at the reception desk.

세부, 항목
지도에는 수도권 지역이 상세히 나와 있었다.

시설, 설비
새로운 시설은 몇 가지 장점을 가지고 있다.

참여, 참석
그들은 연구에 참여할 수 있는 기회를 제공한다.

수치, 통계
지난 분기 동안의 판매 수치가 예상했던 것 보다 훨씬 높다.

헌신, 노력
Rivera 박사는 헌신에 대한 상을 받을 것이다.

노력, 수고
회사는 합의에 도달하기 위한 모든 노력을 할 것이다.

특징
최근에 문을 연 리조트는 많은 특색을 가지고 있다.

접수계원
접수대의 접수 계원에게 열쇠를 맡겨 두시기 바랍니다.

advance AM[ədvǽns] BR[ədvɑ́:ns]
Recent **advances** in computer technology have yielded increasingly sophisticated hardware.

service AM[sə́:rvis] BR[sə́:vis]
If you have any problems, please feel free to contact the **service** desk.

level [lévəl]
We provide our customers with the highest **level** of service possible.

design [dizáin]
She worked as an illustrator during the early **design** stages.

indication [ìndikéiʃn]
There are **indications** that the new project is very successful.

advisor AM[ædváizər] BR[ədváizə(r)]
The company hired many legal **advisors** to review the terms of the contract.

addition [ədíʃn]
We need work on the **addition** to the dormitory.

collection [kəlékʃn]
Our library offers the widest **collection** of books to the students in this area.

진전, 진보, 발전
최근의 컴퓨터 기술의 발전은 점점 더 정교한 하드웨어를 만들어 내고 있다.

도움, 봉사
문제가 있으시면 주저하지 마시고 안내 데스크로 연락을 주십시오.

수준
우리는 가능한 최고 수준의 서비스를 고객에게 제공한다.

디자인, 설계, 도안
그녀는 초기 디자인 단계 동안 삽화가로 일했었다.

지시, 징후, 징조
새 프로젝트가 매우 성공적이라는 징후들이 있다.

고문, 조언자
그 회사는 계약서의 조항들을 검토할 많은 법률 자문가를 고용했다.

추가, 부가
우리는 기숙사 증축 작업이 필요하다.

수집물, 모음, 징수
우리 도서관은 이 지역에서 가장 폭넓은 책을 제공한다.

remainder [riméində(r)]
A doctor advised him to rest for the **remainder** of the month.

comparison [kəmpǽrisn]
Ticket sales increased dramatically in **comparison** with the same period last year.

evidence [évidəns]
Mr. Da Silva and Mr. Kim will review all **evidence** submitted by themselves.

opening AM [óupəniŋ] BR [ə́upniŋ]
The London branch has job **openings** in the Human Resources Department.

relation [riléiʃn]
Relations between labor and management have improved recently.

alternative AM [ɔ:ltə́:rnətiv] BR [ɔ:ltə́:nətive]
Analysts suggested effective **alternatives** to them.

introduction [ìntrədʌ́kʃn]
Many companies will benefit from the **introduction** of new technologies.

investigation [invèstəgéiʃn]
We have recently conducted a thorough **investigation** into the case.

나머지, 잔여(물)
의사는 그 달의 나머지 기간 동안 쉬도록 그에게 충고했다.

비교, 대조
티켓 판매량이 지난해 같은 기간과 비교해서 극적으로 증가했다.

증거, 증언
Da Silva와 김씨는 혼자서 모든 제출된 증거를 검토할 것이다.

공석
런던 지점은 인사부에 공석이 있다.

관계, 관련
노사 간의 관계가 최근에 향상되었다.

대안
분석가들은 그들에게 효과적인 대안을 제시했다.

도입, 소개
많은 회사들은 신기술의 도입으로부터 이익을 얻게 될 것이다.

조사, 연구
우리는 최근에 그 사건에 대한 철저한 조사를 실시했다.

negotiation AM[nigòuʃiéiʃn] BR[nigə̀uʃiéiʃn]
We must send the report on the trade **negotiations** to the head office.

benefit [bénəfit]
A meeting will be held at the end of the month to discuss new employee **benefit** plans.

consultant [kənsʌ́ltənt]
Ms. Jung applied for the job as a marketing **consultant**.

resignation [rèzignéiʃn]
Mr. Volton decided to submit a letter of **resignation**.

responsibility AM[rispànsəbíləti] BR[rispɑːnsəbíləti]
Entertainment expenses are the attendees' **responsibility**.

strategy [strǽtədʒi]
The firm has devised an innovative **strategy** for its new product.

reservation AM[rèzərvéiʃn] BR[rèzəvéiʃn]
Reservations must be made at least two days in advance.

authority [ɔːθɔ́rəti]
Mr. Schmidit has the **authority** to approve the proposal.

representative [rèprizéntətiv]
If you have any problem, please contact one of our sales **representatives**.

협의, 협상
우리는 무역 협상에 관한 보고서를 본사로 보내야 한다.

이익, 유익
새로운 직원 수당 계획을 논의하기 위해 그 달 말에 회의가 열리게 될 것이다.

자문가, 고문
정씨는 마케팅 자문가 직에 지원했다.

사임, 사직서
Volton 씨는 사직서를 제출하기로 결심했다.

책임
유흥비는 참석자 부담이다.

전략, 작전
그 회사는 새로운 제품에 대한 혁신적인 전략을 고안했다.

예약
예약은 적어도 이틀 전에 해야 한다.

권한
Schmidit 씨는 제안을 승인할 권한이 있다.

대리인, 대표자
문제가 생기시면 영업 사원 중 한 명에게 연락해주세요

conclusion [kənklúːʒn]
After reviewing the relevant document, we reached a **conclusion**.

opportunity AM[àːpərtʃúːnəti] BR[ɔ̀pətʃúːnəti]
Many saw the session as the last **opportunity** to ratify the agreement because of the upcoming general elections April 15.

significance [signífikəns]
She glanced at me with some **significance** in her face.

명사

identification [aidèntəfikéiʃn]
Everyone with proper **identification** will be admitted to the conference.

capacity [kəpǽsəti]
Our software can increase your production **capacity**.

percentage AM[pərséntidʒ] BR[pəséntidʒ]
Our main plant in Korea produces a sizeable **percentage** of the computer monitor.

health [helθ]
Mr. Jung declined Mary's invitation due to his **health** problem.

결론, 결말
관련된 문서를 검토한 후에 우리는 결론에 이르렀다.

기회
4월 15일 총선을 앞에 두고 있는 관계로 많은 이들은 이번 국회 본회의가 FTA 비준 통과를 위한 마지막 기회로 보고 있다.

의미, 중요(성)
그녀는 의미심장한 눈초리로 나를 보았다

증명서, 신분(증)
적절한 신분증을 가진 모든 사람은 회의에 들어갈 수 있을 것이다.

능력, 용량
우리의 소프트웨어는 당신의 생산 능력을 증가시킬 수 있습니다.

백분율, 비중, 비율
한국에 있는 우리의 메인 공장은 컴퓨터 모니터의 상당 부분을 생산하고 있다.

건강(상태)
정씨는 메리의 초대를 그의 건강 문제로 거절했다.

seat [siːt]
Express-Airlines can provide every passenger with a fully reclining **seat**.

mandate [mǽndeit]
The government announced the **mandate** to protect customers from online fraud.

minimum [mínəməm]
Applicants for the position must have a **minimum** of three year's experience.

observance AM [əbzə́ːrvəns] BR [əbzə́ːvəns]
Our office will be closed on Friday in **observance** of the national holiday.

development [divéləpmənt]
The advertising campaign will focus on systems currently under **development**.

expiration [èkspəréiʃn]
To cancel your reservation, we need the **expiration** date on your credit card.

physician [fizíʃn]
A new local hospital will offer well-trained **physicians** and high quality medical services.

좌석
Express-Airlines 사는 모든 고객에게 뒤로 완전히 젖혀지는 좌석을 제공합니다.

명령, 지령
정부는 온라인 사기로부터 고객들을 보호하기 위한 행정 명령을 발표했다.

최소, 최저한도
그 직책의 지원자들은 최소한 3년의 경력이 있어야 한다.

준수, 관례
국경일을 기념하여 우리 사무실은 금요일에 문을 닫을 것입니다.

발전, 성장, 개발
그 광고 캠페인은 현재에 개발 중인 시스템에 초점이 맞춰질 것이다.

만료, 만기
예약을 취소하기 위해서는 당신 신용카드의 유효기간이 필요합니다.

의사
새 지방 병원은 숙련된 의사들과 고품급 의료서비스를 제공할 것이다.

form AM[fɔːrm] BR[fɔːm]
To attend the workshop, you should complete the attached **form**.

choice [tʃɔis]
We think the London Hotel was a good **choice** as a venue for seminars.

growth AM[grouθ] BR[grəuθ]
The dramatic increase in efficiency has led to **growth** in the new established factory.

reimbursement AM[rìːimbə́ːrsmənt] BR[rìːimbə́ːsmənt]
All employees received **reimbursement** for moving expenses.

lender [léndə(r)]
Several **lenders** have announced that they are offering very attractive rates of interest.

office [ɔ́ːfis, ófis, ɔ́fis]
Although tomorrow is the national holiday, all **offices** will remain open.

duplicate AM[dúːplikeit] BR[djúːplikeit]
Mr. Parsells was asked to submit a **duplicate** of his resume.

monopoly AM[mənápəli] BR[mənɔ́pəli]
The company has a **monopoly** on Internet service.

모양, 형식, 서식, 용지
워크숍에 참석하기 위해서 당신은 첨부된 양식을 작성하셔야 합니다.

선택, 선택권
우리는 런던 호텔이 세미나를 위한 개최지로서 최고의 선택이었다고 생각한다.

성장, 발전
효율성의 인상적인 증가는 새로 설립된 공장의 성장을 가져왔다.

경비 상환
모든 직원들은 이사 경비에 대한 상환을 받았다.

대부자, 대출기관
몇몇 대출기관들은 매력적인 대출이자를 제공한다고 발표했다.

사무실
비록 내일은 국경일이지만 모든 사무실은 영업을 할 것입니다.

사본
Parsells 씨는 이력서의 사본을 제출하도록 요청 받았다.

독점
그 회사는 인터넷 서비스에 대한 독점권을 가지고 있다.

inflation [infléiʃn]
Many economists have studied the causes of **inflation**.

aim [eim]
The **aim** of the campaign is to increase market share.

inhalation [ìnhəléiʃn]
Each worker is asked to wear a protective mask to prevent **inhalation** of adhesives.

neutrality [nju:trǽləti]
The senator declined the interview in order to maintain political **neutrality**.

reminder [rimáində(r)]
This is a **reminder** to all employees that a banquet will be held on Saturday.

president [prézidənt]
The **president** will be visiting our offices on July 23.

prevention [privénʃn]
Because of repeated accidents, the manager decided to educate employees about a **prevention** program.

opposition ᴀᴍ [à:pəzíʃn] ʙʀ [ɔ̀pəzíʃn]
Strong **opposition** to the company policy may lead to a strike.

(물가) 폭등
많은 경제학자들은 인플레이션의 원인을 연구하고 있다.

목적, 목표
그 캠페인의 목적은 시장 점유율을 높이는 것이다.

호흡, 흡입
모든 작업자들은 접착제의 흡입을 막기 위해서 보호 마스크를 써야한다.

중립
상원의원은 정치적 중립성을 유지하기 위해 인터뷰를 거절했다.

생각나게 하는 것(메모)
토요일에 연회가 열리게 됨을 모든 직원들에게 알리는 것입니다.

회장, 대통령
회장은 7월 23일에 우리의 사무실을 방문할 것이다.

보호, 방지, 예방
반복되는 사고 때문에 부장은 예방 프로그램을 직원들에게 교육하기로 결정했다.

반대
회사 정책에 대한 강한 반대는 파업의 원인이 될 수도 있다.

confidence AM[kɑ́ːnfidəns] BR[kɔ́nfidəns]
Recent surveys indicate an improvement in consumers **confidence**.

exposure AM[ikspóuʒər] BR[ikspóuʒər]
Repeated and prolonged **exposure** to ultraviolet light can cause skin cancer.

foundation [faundéiʃn]
The workers have finally begun to lay the **foundation**.

correspondence AM[kɔ̀ːrəspɑ́ndəns] BR[kɔ̀ːrəspɔ́ndəns]
All outgoing **correspondence** should be checked carefully.

investor [invéstə(r)]
We offered specific information about the company's plan to **investors**.

attention [əténʃn]
The outdoor exhibition received immediate **attention** in the press.

provision [prəvíʒn]
The organizers had made no **provision** for extra participants.

respect [rispékt]
They showed **respect** for another opinion.

자신, 신용, 신뢰
최근의 조사는 고객의 신뢰도에 있어서의 증가를 보여준다.

노출, 폭로
반복적이고 장시간의 자외선에 대한 노출은 피부암을 유발할 수 있다.

기초, 근간, 창립
작업자들은 마침내 기초를 쌓기 시작했다.

서신 교환, 통신문
외부로 나가는 모든 서신은 꼼꼼하게 점검되어야 한다.

투자가
우리는 투자가들에게 회사의 계획에 대한 구체적인 정보를 제공했다.

주의, 유의
그 야외 전시회는 언론의 즉각적인 관심을 받았다.

준비, 대비, (법률)조항, 규정
주최자는 추가 참석자들에 대한 준비를 하지 않았다.

존경
그들은 다른 의견에 대한 존중을 보여 주었다.

convenience [kənvíːniəns]

For your **convenience**, we have installed the new software.

enthusiasm AM [inθjúːziæzəm] BR [inθúːziæzəm]

Those who work with **enthusiasm** will receive special prizes.

freshness [fréʃnis]

In order to retain **freshness**, we need new refrigerated containers.

request [rikwést]

Samples are available upon **request**.

disruption [disrʌ́pʃn]

We should stop the **disruption** of animal habitats.

need [niːd]

The **need** for translators will grow dramatically.

repair [ripέər]

The building has been closed for **repairs**.

right [rait]

Mr. Chicas reserves the **right** to cancel the order.

caution [kɔ́ːʃn]

Use extreme **caution** when crossing the street.

편의, 편리
당신의 편의를 위해 우리는 새 소프트웨어를 설치했다.

열심, 열망
열성적으로 일하는 사람은 특별상을 받게 될 것이다.

신선함
신선함을 유지하기 위해서 우리는 새로운 냉동 컨테이너가 필요하다.

요청, 요구
견본은 요청하면 바로 받으실 수 있습니다.

분열, 방해, 붕괴, 결렬
우리는 동물 서식지의 파괴를 막아야 한다.

필요
번역가들에 대한 요구가 상당히 증가할 것이다.

수리, 수선
그 건물은 보수를 위해 문을 닫았다.

권한
Chicas 씨는 주문을 취소할 권한을 가지고 있다.

경고, 주의, 조언
길을 건널 때는 주의하도록 하십시오.

corporation AM[kɔ̀:rpəréiʃn] BR[kɔ̀:pəréiʃn]
A number of large **corporations** are seeking legal advisors.

correlation AM[kɔ̀:rəléiʃn] BR[kɔ̀rəléiʃn]
Researchers found a close **correlation** between two samples.

reproduction [rì:prədʌ́kʃn]
Unauthorized **reproduction** of this material is strictly prohibited by law.

최우선 순위 동사

qualify AM[kwɑ́:lifài] BR[kwɔ́lifài]
Employees are asked to submit receipts to **qualify** for reimbursement.

comply [kəmplái]
In order to **comply** with the new regulation, all staff must use the electronic identification.

complete [kəmplí:t]
Please **complete** the enclosed survey and return it to our office.

inform AM[infɔ́:rm] BR[infɔ́:m]
The company must **inform** workers of potential hazards in advance.

법인, 주식회사
많은 대기업들이 법률 자문가를 찾고 있다.

상호 관계
연구원들은 두 샘플 사이의 밀접한 상호 연관성을 발견했다.

복사, 복제, 재생
이 자료의 불법 복제는 법에 의해 엄격히 금지됩니다.

권한을 가지다, 자격이 있다
직원들은 보상의 자격을 얻기 위해서 영수증을 제출하도록 요청받았다.

준수하다, 지키다
새 정책을 준수하기 위해서 모든 직원들은 전자 신분증을 사용해야만 한다.

마치다, 끝내다; 작성하다
동봉된 설문을 작성하시고 우리 사무실로 보내주십시오.

알리다
회사는 반드시 미리 위험의 가능성을 알려 줘야 한다.

inspect [inspékt]
The company regularly **inspected** the product quality.

allocate [ǽləkèit]
The vice president announced that it will **allocate** funds for expanding its market.

notify AM [nóutifái] BR [nɔ́utifái]
They usually **notify** the customers of their new product information by e-mail.

contribute AM [kəntríbjut] BR [kəntríbju:t]
The advanced computer system **contributed** greatly to the process.

replace [ripléis]
According to the company policy, we will **replace** the defective item with a new one.

concern AM [kənsə́:rn] BR [kənsə́:n]
The project manager was very **concerned** when the proposal was rejected by the management.

produce AM [prədú:s] BR [prədjú:s]
Sun System Inc. is going to discontinue **producing** its laser printer.

expect [ikspékt]
All managers and personnel are **expected** to attend the monthly staff seminar.

살피다, 조사하다
그 회사는 정기적으로 제품의 품질을 검사했다.

할당하다, 배분하다
부사장은 시장의 확대를 위한 자금을 할당할 것이라고 발표했다.

알리다, 공지하다
그들은 보통 이메일로 신제품 정보를 고객에게 알린다.

기부하다, 기여하다
향상된 컴퓨터 시스템은 처리과정에 크게 기여했다.

대체하다, 대신하다
회사정책에 따라 우리는 결함이 있는 제품을 새 것으로 교체할 것입니다.

걱정하다, 염려하다
경영진에 의해 제안이 거절당했을 때 프로젝트 담당자는 매우 염려했다.

생산하다, 제작하다
Sun System 사는 레이저 프린터 생산을 중지할 것이다.

기대하다, 예상하다
모든 직원들과 부장들은 월별 직원 세미나에 참석할 것으로 예상된다.

locate AM[loukéit] BR[ləukéit]
The new convention center is conveniently **located**.

require [riːkwáiə(r)]
Many new employees **require** time to prepare the report.

concentrate AM[káːnsəntrèit] BR[kɔ́nsəntrèit]
All team members must **concentrate** on promoting new products.

donate AM[dóuneit] BR[dóuneit]
Mr. Smith decided to **donate** the money from the sale of the new model.

anticipate [æntísəpèit]
Most analysts **anticipated** that competition will be increased.

assign [əsáin]
The recently purchased computers can be **assigned** to all employees.

cooperate AM[kouáːpərèit] BR[kəuápərèit]
The marketing department **cooperated** closely with the government.

negotiate AM[nigóuʃièit] BR[nigóuʃièit]
The new management has refused to **negotiate** with the labor union.

위치를 정하다
새 컨벤션 센터는 편리하게 위치해 있다.

필요로 하다
많은 신입 사원들은 보고서를 준비할 시간이 필요하다.

집중하다
모든 팀원들은 신제품 판매촉진에 집중해야만 한다.

기부하다, 기증하다
Smith 씨는 새 모델의 판매로부터 얻은 돈을 기부하기로 결정했다.

예상하다, 예측하다
대부분의 분석가들은 경쟁이 증가될 것이라고 예상했다.

할당하다, 배당하다
최근에 구입한 컴퓨터들이 모든 직원들에게 할당될 수 있습니다.

협력하다, 협동하다
마케팅 부서는 정부와 밀접하게 협력했다.

협의하다, 협상하다
새 경영진은 노조와의 협상을 거절했다.

deal(with) [di:l]
The problem will be **dealt** with as soon as possible.

manage [mǽnidʒ]
Mr. Rodriguez has **managed** the advertising department.

divide [diváid]
The subject may be **divided** into two branches.

assure AM[əʃúr] BR[əʃúə(r)]
We wanted to squelch the rumors once and for all and **assure** our shareholders.

우선 순위 동사

accept [əksépt]
A board of directors finally **accepted** the offer.

object AM[ɑ:bdʒékt] BR[ɔbdʒíkt]
Mr. Cantoni **objected** to the proposed modifications.

renew [rinjú:]
We should **renew** the contract by the end of the month.

raise [reiz]
We will launch a marketing campaign to **raise** the comsumer awareness.

다루다, 처리하다
그 문제는 가능한 빨리 처리될 것입니다.

처리하다, 다루다, 관리하다
Rodriguez 씨는 광고부를 관리하고 있다.

나누다
그 문제는 두 부분으로 분류될 수 있을 것이다

보증하다, 확실히 하다, 단언하다
떠도는 소문을 일거에 불식 시켜 주주들을 안심시키고 싶었다.

받아들이다, 수락하다
이사회는 결국 그 제안을 받아들였다.

반대하다, 항의하다
Cantoni 씨는 제안된 수정안을 거절했다.

다시 시작하다, 재개하다
우리는 월말까지 계약서를 갱신해야 합니다.

올리다, 증가하다
소비자 인지도를 높이기 위한 마케팅 캠페인을 시작할 것이다.

check [tʃek]
The company must regularly **check** the condition of computers in the laboratory.

lower ᴀᴍ [lóuər] ʙʀ [lóuə(r)]
The president expected to benefit from **lowering** overhead expenses.

recommend [rèkəménd]
Managers strongly **recommend** that the procedures be changed.

deposit ᴀᴍ [dipɔ́ːzit] ʙʀ [dipɔ́zit]
Your pay will be **deposited** directly into your bank account.

refer [rifɜ́ː(r)]
If you need more information, **refer** to our brochure.

offer ᴀᴍ [ɔ́ːfər, áːfər] ʙʀ [ɔ́fə(r)]
Encoda Corporation **offers** excellent income opportunities.

collaborate [kəlǽbərèit]
The chief executive officer announced that they will **collaborate** on the project.

include [inklúːd]
Botella's job **includes** achieving sales goals and evaluating employees.

확인하다, 점검하다
회사는 연구소 안에 있는 컴퓨터의 상태를 정기적으로 점검해야 한다.

낮추다, 줄이다
회장은 제경비를 줄이는 것으로부터 이익 얻는 것을 기대했다.

권고하다, 추천하다
부장들을 그 절차가 변경되어야 한다고 강력하게 권했다.

예금하다, 예탁하다
당신의 급료는 바로 당신의 은행 계좌로 입금될 것입니다.

참고하다; 언급하다
정보가 더 필요하시다면 우리의 안내책자를 참조해주십시오.

제공하다
Encoda 사는 놀라운 소득의 기회를 제공한다.

협력하다, 공동으로 일을 하다
최고 경영자는 그 프로젝트에 협력할 것이라고 발표했다.

포함하다, 포함시키다
Botella의 업무는 영업 목표를 성취하고 직원을 평가하는 것이 포함된다.

affect [əfékt]
Our stock price was negatively **affected** by inaccurate information.

reflect [riflékt]
The marketing campaign **reflects** current company strategy.

familiarize [fəmíljəràiz]
He is **familiar** with the subject.

document AM [dá:kjumənt] BR [dɔ́kjumənt]
Managers are asked to **document** all operating procedures.

compensate AM [ká:mpənsèit] BR [kɔ́mpənsèit]
The company **compensated** him for its loss.

focus AM [fóukəs] BR [fə́ukəs]
Dr. Turner wishes to **focus** his study on economic trends.

attend [əténd]
New trainers will be attending the **meeting** to discuss the schedule.

orient [ɔ́:riənt] (= orientate)
The aim of the next seminar is to **orient** new employees to revised safety procedures.

영향을 주다
우리의 주가는 정확하지 않은 정보에 의해 좋지 않은 영향을 받았다.

반영하다, 나타내다
그 마케팅 캠페인은 최근의 회사 전략을 반영한다.

익숙하게 하다, 잘 알게 하다
그는 그 문제에 정통하다

문서로 기록하다, 문서로 증명하다
부장들은 모든 작동 과정을 문서로 기록하도록 요청받는다.

보상하다, 변상하다
회사는 그에게 손실에 대해 보상을 해주었다.

주의하다, 집중하다
Turner 박사는 경제적 동향에 관한 그의 연구에 집중하고 싶어 한다.

참석하다, 참여하다
새 지도자들은 일정을 논의하기 위한 회의에 참석할 것입니다.

적응시키다
다음 세미나의 목적은 신입직원들에게 개정된 안전 절차에 대한 적응교육을 시키는 것이다.

hono(u)r AM[á:nər] BR[ɔ́nər]
Mr. Kim was **honored** for his innovative work.

automate [ɔ́:təmèit]
Sun Company announced today that it will **automate** the assembly line.

cause [kɔ:z]
Sudden power surges can **cause** loss of data.

intend [inténd]
The presentation is **intended** to provide customers with accurate information.

acknowledge AM[əkná:lidʒ] BR[əknɔ́lidʒ]
Please **acknowledge** receipt of this official report by telephone.

adhere AM[ədhir] BR[ədhiə(r)]
Harvard University **adheres** to strict assessment policy.

affix [əfíks]
Please **affix** the label to the box and send it back to us.

coordinate AM[kouɔ́:rdineit] BR[kauɔ́:dineit]
Mr. Schmidit has **coordinated** all survey works for the last two years.

존경하다, 경의를 표하다(기념하다)
김씨는 그의 혁신적인 업무에 대해 표창을 받았다.

자동화하다
Sun사는 조립라인을 자동화할 것이라고 오늘 발표했다.

~의 원인이 되다, 야기하다
갑작스러운 전류 급증 현상은 자료 손실의 원인이 될 수 있다.

~할 작정이다, 의도하다
이 프레젠테이션은 고객들에게 정확한 정보를 제공하는 것이 목적이다.

인정하다, 수령을 통지하다
전화로 이 공식 보고서의 수령을 통지해 주십시오.

고수하다, 집착하다
하버드 대학은 엄격한 평가 정책을 고수한다.

첨부하다, 붙이다
상자에 라벨을 붙이고 우리에게 보내 주십시오.

통합하다, 조정하다
Schmidit 씨는 지난 2년 동안 모든 조사 업무를 조정해왔다.

lead [liːd]
Advances in Health Care Have Unwanted Side Effects A group of experts are warning that the recent advances in health care can ultimately **lead** to increased job discrimination.

assign [əsáin]
The standard model of identification here is to **assign** each individual a letter.

assume AM [əsúːm] BR [əsjúːm]
Mr. Harris will **assume** the yole of CEO with a team of our directors.

형용사

capable [kéipəbl]
The design company is **capable** of handling our offer.

lasting AM [lǽstiŋ] BR [láːstiŋ]
The recently retired manager left a **lasting** impression on the staff members.

able [éibl]
We are **able** to expand our production facilities.

live [laiv]
A **live** broadcast of the trial was suddenly canceled.

~에 이르다
한 전문가 단체는 최근의 의료 기술 향상이 궁극적으로는 고용 차별의 확산을 초래할 수도 있다고 경고하고 있다.

할당하다
표준적인 표시 방식으로 개인에 대해 문자를 부여할 계획이다.

맡다, 취하다; 추정하다, 가정하다
Harris 씨는 이사들과 함께 최고 경영자 역할을 맡을 것이다.

~할 수 있는
그 디자인 회사는 우리의 제안을 해낼 수 있다.

오래가는, 지속적인
최근에 퇴직한 부장은 직원들에게 오래가는 인상을 남겼다.

~할 수 있는, 능력 있는
우리는 제조 설비를 확대할 수 있다.

살아 있는, 생방송의
그 재판의 생중계가 갑작스럽게 취소되었다.

efficient [ifíʃnt]
The newly developed devices enable workers to be more **efficient**.

revolutionary AM[rèvəlú:ʃənèri] BR[rèvəlú:ʃənəri]
Revolutionary changes in the manufacturing process can lead to revenue increase.

particular AM[pərtíkjələr] BR[pətíkjələr]
The local government chose a **particular** area of business.

realistic AM[ri:əlístik] BR[riəlístik]
The digital camera produces **realistic** photographic images.

revised AM[riváizd]
We must review the **revised** report by the end of this week.

challenging [tʃælindʒiŋ]
Introducing the new technology is the most **challenging** project our team has ever undertaken.

eligible [élidʒəbl]
All of our web site visitors are **eligible** for a special discount.

less [les]
Development expenditures were **less** than anticipated.

능률적인, 효과적인
새로 개발된 장치는 작업자들을 좀 더 효율적으로 일하게 한다.

혁명적인, 혁명의
제조 과정의 혁신적인 변화들은 수익 증가를 가져올 수 있다.

특별한
지방 정부는 특별 상업 지역을 선정하였다.

실제적인, 현실적인
그 디지털 카메라는 사실감 있는 사진 이미지를 만들어 낸다.

교정된, 변경된
이번 주 말까지 개정된 보고서를 검토해야만 합니다.

도전적인, 힘든
새 기술을 도입하는 것은 우리 팀이 지금까지 했던 것 중 가장 어려운 프로젝트이다.

자격이 있는, 적격의
웹사이트의 모든 방문자들은 특별 할인을 받을 자격이 있다.

~보다 적은, ~보다 덜한
부서 지출이 예상했던 것보다 적었다.

persuasive AM[pərswéisiv] BR[pəswéisiv]
The analyst provided customer with a **persuasive** evidence.

seasonal [síːzənəl]
To keep up with **seasonal** demands, all employees must work overtime.

regular [régjələ(r)]
The **regular** Monday morning meeting has been rescheduled for Friday morning.

incidental [ìnsədéntl]
Employees are asked to submit receipts for **incidental** expenses to the accounting department.

motivated AM[móutəvèitid] BR[məutivèitid]
The firm is looking for highly **motivated** and competent individuals.

possible AM[páːsəbl] BR[pɔ́səbl]
The marketing team is doing everything **possible** to increase its market share.

preferred [prifɔ́ː(r)d]
The board of directors selected Micro Technologies as the **preferred** supplier.

soft AM[sɔ(ː)ft] BR[sɔft]
Sunset Resort is known for **soft** white beaches.

설득력 있는
분석가는 고객에게 설득력 있는 증거를 제공했다.

계절의, 주기적인
계절적 수요를 따라잡기 위해서 모든 직원은 추가 근무를 해야 한다.

정기적인, 규칙적인
월요 정기회의가 금요일 아침으로 일정이 변경되었다.

부차적인, 임시의, 우연의
직원들은 부대비용에 대한 영수증을 경리부로 제출하도록 요청받는다.

동기부여를 받은, 유도된
그 회사는 매우 의욕적이고 유능한 사람들을 찾고 있다.

할 수 있는, 가능한
마케팅팀은 시장 점유율을 높이기 위해 가능한 모든 것을 할 것이다.

선호하는
이사회는 물품 우선 공급업자로서 Micro Technologies를 선정했다.

부드러운
Sunset Resort는 흰 모래가 부드럽게 펼쳐진 해변으로 유명하다.

powerful AM [páuərfl] BR [páuəfl]

The new management decided to purchase **powerful** machines.

local AM [lóukl] BR [lə́ukl]

Mr. Sakamura can provide information on the prominent **local** builder.

designated [dézignèitid]

Each team meeting will be held at the **designated** meeting room.

feasible [fí:zəbl]

The management examined all **feasible** plans to increase profits.

exceptional [iksépʃənl]

The banquet will be held to honor Maria's **exceptional** effort.

economic AM [í:kəná:mik] BR [í:kənɔ́mik]

Thanks to an **economic** recovery, consumer's expenditures are expected to increase.

industrial [indʌ́striəl]

The firm offers a variety of systems for **industrial** purpose.

강력한, 강한
새 경영진은 강력한 기계를 구입하기로 결정했다.

지역의, 지방의
Sakamura 씨는 유명한 지역 건축업자에 관한 정보를 제공할 수 있다.

지된, 지명된
각 팀 회의는 지정된 회의실에서 열리게 될 것입니다.

실행할 수 있는, 가능한
경영진은 수익을 증가시키기 위한 모든 실현 가능성 있는 계획들을 검토했다.

특별한, 예외적인
Maria의 뛰어난 노력을 기리기 위해 연회가 열릴 것이다.

경제의
경제 회복 덕분에 소비자 지출의 증가가 예상된다.

산업의
그 회사는 산업적 목적을 위한 다양한 시스템을 제공한다.

reliable [riláiəbl]
You will obtain a **reliable** analysis of the market conditions.

available [əvéiləbl]
Gift packaging is **available** free of charge.

operational AM [à:pəréiʃənl] BR [ɔ̀pəréiʃənl]
The factory remains **operational** during the emergency situation.

specific [spisífik]
To avoid system failure, please read the product **specifications** carefully.

attached [ətǽtʃt]
After looking over the **attached** documents, please contact the service desk.

fascinating [fǽsinèitiŋ]
The public finds Mr. Ibrahim's documentary film **fascinating**.

dramatic [drəmǽtik]
Due to the **dramatic** increase in market demand, the manager decided to hire additional staff.

durable [djúərəbl]
Concrete is a very **durable** material.

믿음직한, 신뢰성 있는
당신은 시장 상황의 믿을 만한 분석을 얻을 수 있을 것입니다.

이용 가능한, 시간이 있는
선물 포장은 무료로 이용가능하다.

조작상의, 운영할 수 있는
비상상황 동안에도 그 공장은 조업 가능 상태를 유지한다.

특별한, 특정한
시스템 고장을 피하기 위해서 제품 설명서를 꼼꼼히 읽으십시오.

첨부된
첨부된 문서를 살펴보신 후에 안내 데스크로 연락해 주십시오.

흥미로운, 매혹적인
일반인들은 Ibrahim 씨의 다큐멘터리 영화가 아주 흥미롭다고 생각한다.

극적인, 인상적인
시장 수요의 극적인 상승 때문에 책임자는 추가 직원을 고용하기로 결정했다.

내구력 있는, 오래 견디는
콘크리트는 매우 내구성 있는 자재이다.

attractive [ətræktiv]
The firm offers an **attractive** salary and fringe benefits.

optimistic AM [ὰ:ptimístik] BR [ɔptimístik]
Industry experts are cautiously **optimistic** about the economic conditions.

considerable [kənsídərəbl]
A number of large corporations spend **considerable** time training the new employees.

subject [sʌ́bdʒikt, sʌ́bʒekt]
Operators violating the safety regulations are **subject** to a substantial fine.

numerous AM [núːmərəs] BR [njúːmərəs]
Numerous companies are introducing a new manufacturing process.

protective [prətéktiv]
All factory employees must wear **protective** clothing.

limited [límitid]
Because of the **limited** capacity of our hall, attendees must register in advance.

original [ərídʒənl]
All staff members have been asked to submit **original** receipts.

매력적인, 관심을 끄는
그 회사는 괜찮은 보수와 특별 수당을 제공한다.

낙천적인, 낙관적인
산업 전문가들은 경제 상황에 대해 조심스럽게 낙관하고 있다.

중요한, 유력한, 꽤 많은
많은 대기업들은 신입 직원들을 교육하는 데 상당한 시간을 소비한다.

~받기 쉬운, 지배를 받는
안전 규칙을 위반한 기계 운전자는 상당한 벌금을 물 수도 있다.

많은
수많은 회사들이 새로운 제조 공법을 도입하고 있다.

보호하는
모든 공장 직원들은 방호복을 착용해야 한다.

한정된, 좁은
우리 회관의 제한된 수용 능력 때문에, 참석자들은 미리 등록을 해야 한다.

본래의, 최초의
모든 직원들은 원본 영수증을 제출하도록 요청을 받았다.

great [greit]
The charity event was a **great** success.

involved AM [inváːlvd] BR [invɔ́lvd]
All parties **involved** in the negotiations should present their proposal in advance.

innovative AM [ínəvèitiv] BR [inəvətiv]
The department has devised an **innovative** advertising strategy.

accessible [æksésəbl]
All relevant information can be **accessible** through the Internet.

comprehensive AM [kàːmprihénsiv] BR [kɔ̀mprihénsiv]
The administration has recently decided to conduct a **comprehensive** review.

accurate [ǽkjərit]
To obtain **accurate** information, please enter your name and identification number.

complimentary AM [kàːmpliméntri] BR [kɔ̀mpliméntri]
Nico Group offers a **complimentary** consulting service to employees.

efficient [ifíʃnt]
For **efficient** use of storage space, all documents should be arranged alphabetically.

큰, 중대한, 거대한
그 자선 행사는 매우 성공적이었다.

~와 관계에 있는, 포함된, 연루된
협상의 모든 당사자들은 미리 그들의 제안을 제출해야 한다.

혁신적인
그 부서는 혁신적인 광고 전략을 고안해 냈다.

접근하기 쉬운, 이용할 수 있는
모든 관련된 정보들은 인터넷을 통해서 접속할 수 있다.

포괄적인, 종합적인
경영진은 종합적인 검토를 실시하기로 최근에 결정했다.

정확한, 정밀한
정확한 정보를 얻기 위해서는 당신의 이름과 확인번호를 입력하십시오.

무료의; 칭찬하는
Nico 사는 직원들에게 무료 상담 서비스를 제공한다.

효율적인, 능률적인
저장 공간의 효율적인 사용을 위해, 모든 문서는 알파벳 순서로 정리되어야 합니다.

permanent AM[pə:*r*mənənt] BR[pə:mənənt]
The new management announced that they will offer the temporary director a **permanent** position.

personal AM[pə:*r*sənl] BR[pə:sənl]
In compliance with the confidentiality policy, you cannot obtain any **personal** information.

satisfactory [sæ̀tisfǽktəri]
If the product is not **satisfactory**, we will promptly refund your purchase price.

equal [í:kwəl]
They are demanding **equal** pay for equal work.

부사

nearly AM[ní*r*li] BR[níəli]
Nearly ten percent of the employees commute to work by subway.

recently [rí:sntli]
Because of the **recent** economic downturn, most companies want to decrease their marketing budget.

accurately [ǽkjərətli]
All registration information is recorded **accurately** in the main system.

영구한
새 경영진은 임시직의 이사에게 상임직을 제공할 것이라고 발표했다.

개인의
비밀 보장 정책에 따라, 당신은 어떤 개인 정보도 얻을 수 없다.

만족스러운
제품이 만족스럽지 않다면, 우리는 즉시 구입 가격을 환불해 드릴 것입니다.

동등한, 같은
그들은 동등한 일에 대해 동등한 보수를 요구하고 있다.

거의, 대략
직원의 거의 10%가 지하철로 출퇴근을 한다.

최근에
최근의 경제 하락 때문에, 대부분의 회사들이 마케팅 예산을 줄이기를 원하고 있다.

정확하게
모든 등록 정보는 메인 시스템에 정확하게 기록되어야 한다.

regrettably [rigrétəbli]
Regrettably, Mr. Morris has decided to quit the job.

fast AM[fǽst] BR[fáːst]
Online advertisements are **fast** becoming a cost-effective solution in many industries.

favorably [féivərəbli]
We go over the proposal for construction **favorably**.

occasionally [əkéiʒnəli]
Even state-of-the-art computers can **occasionally** fail to perform tasks.

adequately [ǽdikwətli]
All breakable items must be **adequately** wrapped to protect breakage.

heavily [hévili]
Many small businesses rely **heavily** on their website as a marketing tool.

simply [símpli]
To register the events, **simply** cut the paper along the marked lines.

properly AM[práːpəli] BR[prɔ́pəli]
If the copy machine is not working **properly**, contact the maintenance department.

유감스럽게도
유감스럽게도 Morris 씨는 그 직장을 그만 두기로 했다.

빠르게
온라인 광고는 많은 산업 분야에서 빠르게 비용 효율적인 해결책이 되고 있다.

유리하게, 순조롭게
우리는 호의적으로 건축에 대한 제안을 검토한다.

때때로, 가끔
최신의 컴퓨터조차도 때때로 작업 수행에 실패할 수도 있다.

충분히
모든 깨지기 쉬운 제품은 파손을 방지하기 위해 반드시 적절하게 포장되어야 한다.

매우, 몹시, 크게
많은 중소기업들은 마케팅 도구로서 그들의 웹사이트에 크게 의존한다.

솔직히, 단지
이벤트에 등록하기 위해서는 그냥 표시된 라인을 따라 종이를 자르십시오.

적절히, 정확히
만약 복사기가 제대로 작동하지 않으면 관리부로 연락하십시오.

finally [fáinəli]
The new booklet was **finally** distributed to all employees.

most AM[moust] BR[məust]
The PS2 made by Sony is becoming the **most** popular item in the home entertainment industry.

individually AM[ìndəvídʒuəli] BR[ìndivídʒuəli]
To avoid possible errors, enter all relevant information **individually**.

securely AM[səkjúrli] BR[sikjúə(r)li]
Make sure that the door and file cabinet is **securely** closed before you leave the office.

continually [kəntínjuəli]
Many young people **continually** upgrade their computer hardware.

repeatedly [ripí:tidli]
The marketing division has **repeatedly** demonstrated high employee productivity.

significantly [signífikəntli]
The average price of raw materials is expected to rise **significantly** in the next month.

strongly AM[strɔ́:ŋli] BR[strɔ́ŋli]
Attendance at the information seminar is **strongly** recommended.

마침내, 결국
새 소책자가 마침내 모든 직원들에게 배포되었다.

가장
소니사에 의해 만들어진 PS2는 가정오락 산업에서 가장 인기 있는 제품이 되고 있다.

단독으로, 개별적으로
가능성 있는 실수를 피하기 위해서, 모든 관련된 정보는 개별적으로 입력하십시오.

확실히, 단단히
사무실을 나가기 전에 문과 파일 보관 캐비닛이 확실하게 닫혀져 있는지를 확인하시오.

계속적으로
많은 젊은 사람들은 계속적으로 그들의 컴퓨터 하드웨어를 업그레이드 한다.

되풀이하여, 반복해서
그 마케팅 부서는 계속적으로 높은 직원 생산성을 보여주고 있다.

두드러지게, 중요하게
원자재의 평균가격이 다음 달에 상당히 오를 것이다.

강하게
정보 세미나에 참석이 강력하게 추천된다.

promptly AM[prá:mptli] BR[prɔ́mptli]
All errors should be reported **promptly** to the immediate supervisor.

highly [háili]
The recently released car is **highly** energy-efficient.

professionally [prəféʃənlli]
When dealing with upset customers, you must behave **professionally**.

substantially [səbstǽnʃəli]
Our third-quarter revenue has declined **substantially**.

hard AM[ha:rd] BR[ha:d]
All of the manufacturing division employees work **hard**.

cooperatively AM[kouápərətivli] BR[kəuɔ́pərətivli]
To meet the deadline, all team members should work **cooperatively**.

necessarily AM[nèsəsérəli] BR[nèsəsɔ́rəli]
Expensive advertisement solutions do not **necessarily** lead to higher profits.

mistakenly [mistéikənli]
Samples of the new products were **mistakenly** delivered to the headquarters.

즉시, 바로
모든 오류들은 직속상관에게 즉시 보고되어야만 한다.

대단히
최근에 출시된 그 차는 에너지 효율성이 매우 좋다.

전문적으로, 직업적으로
화가 난 손님을 다룰 때는 능숙하게 행동해야 한다.

상당히, 충분히
우리의 3분기 수익이 상당히 줄어들었다.

열심히
제조부 직원들 모두는 열심히 일한다.

협력하여
마감에 맞추기 위해서 모든 팀원들은 협력해서 일해야 한다.

반드시, 필연적으로
비싼 광고 솔루션이 반드시 더 높은 수익을 가져오지는 않는다.

실수로, 잘못해서
신제품의 샘플이 본사로 잘못 배달되었다.

rapidly [rǽpidli]
Please complete the application form as **rapidly** as possible.

separately [séprətli]
All proposals should be submitted **separately** to the immediate supervisor.

directly [diréktli, dairéktli]
The final result should be **directly** reported to your immediate senior.

exactly [igzǽktli]
All project managers must know **exactly** what the main purpose is.

previously [príːviəsli]
All **previously** scheduled meetings will be postponed until further notice.

빠르게
신청서를 가능한 빠르게 작성해 주십시오.

따로따로, 단독으로
모든 제안은 직속상관에게 따로따로 제출되어야 합니다.

직접, 바로
최종 결과는 직속 상관에게 바로 보고되어야 한다.

정확하게, 엄밀히
모든 프로젝트 담당자들은 반드시 주요 목적이 무엇인지를 정확하게 알아야 한다.

전에, 사전에
이전에 계획된 모든 회의는 추가 공지가 있을 때까지 연기될 것입니다.

명사 – 복합 명사

safety precautions
To be able to use the park, skateboarders must attend an orientation meeting to learn about **safety precautions** and the rules of the park.

performance appraisals
Promotion, transfer and dismissal can be based on **performance appraisals** to serve as input for determining training or recruitment.

time constraints
You should know there are some **time constraints** to be considered before working on the project.

staff productivity
Most respondents of the survey mentioned rewards program as an efficient way to increase **staff productivity**.

tax return
If you don't send in your **tax return** by the deadline indicated, you will have to pay an automatic fixed penalty of $100.

패턴 어휘

안전 예방조치

공원을 이용할 수 있기 위해서 스케이트 보더들은 안전 예방조치와 공원의 규칙에 대해 배우기 위해 오리엔테이션에 참석해야 한다.

업무 수행 평가

승진, 전근 그리고 해고는 연수나 신입사원 모집을 위한 정보역할을 하기 위해 업무 수행 평가에 근거를 둔다.

시간 제약

그 프로젝트에 착수하기 전에 고려해야 할 몇 가지 시간 제약들이 있다는 것을 아셔야 합니다.

직원 생산성

대부분의 설문 응답자들은 직원 생산성을 높이기 위한 효율적인 방법으로 보상 프로그램을 언급했다.

납세 신고서

만약 명시된 기한까지 납세 신고서를 제출하지 않으면 자동적인 고정 벌금 100달러를 내야 할 것입니다.

job appraisal
Our highly competitive remuneration system is based on **job appraisal** methods that are widely recognized.

branch manager
Sharon McGrail, with more than 10 years of banking experience has been named the new **branch manager** of the Washington location.

delivery company
Your credit card will be charged at the time your furniture is shipped from the manufacturer to the **delivery company**.

complaint form
For Consumer Services to process your complaint, you must submit a **complaint form** by yourself.

budgeting strategy
If you develop a comprehensive financial plan that includes a **budgeting strategy**, some of your debt dilemma may take care of itself.

product information
The redesigned web site will enable customers to find **product information** more quickly and guide them through online sales inquiries.

업무 평가
우리의 매우 경쟁력 있는(우수한) 보상 시스템은 널리 알려져 있는 업무 평가 방법에 기초하고 있습니다.

지점장
10년 이상의 은행 근무 경험을 가진 Sharon Mcgrail은 워싱턴 지역의 새 지점장으로 임명되었다.

배달회사
귀하의 신용카드는 귀하의 가구가 제조업체에서 배송회사로 선적될 때 청구될 것입니다.

불만 신고서
고객서비스 부서가 당신의 불만을 처리하기 위해서는 당신이 직접 불만 신고서를 제출해야 한다.

예산 전략
당신이 예산 전략을 포함하고 있는 종합적인 재정 계획을 개발한다면, 당신의 채무 딜레마 중 일부는 자체적으로 해결될 것입니다.

제품 정보
다시 디자인된 홈페이지는 고객들로 하여금 더 빨리 제품 정보를 찾는 것을 가능케 해줄 것이며 온라인 판매문의에 대해 알려줄 것이다.

community relations
To locate potential business partners, it's a good idea to identify companies that have **community relations** as part of their missions.

customers' needs
All seminars and speeches given are designed to meet **customers' needs** and long-term goals.

business sense
The person for the position of sales manager must have **business sense**, self-motivation and the ability to research.

consumer loan
The company will provide **consumer loan** at reasonable interest rates to satisfy borrowers' changing lifestyles in a manner suited to their convenience.

customs regulations
A growing understanding of **customs regulations** over the past two years may account for a more positive outlook among small businesses.

customs clearance
The government will continue streamlining customs operations by simplifying paperwork required for **customs clearance**.

지역단체와의 관계
잠재적인 사업 파트너를 찾기 위해서는 사업 목표의 일부로서 지역단체와의 관계를 맺고 있는 기업들을 찾는 것이 좋다.

고객 요구사항
주어지는 모든 세미나와 연설들은 고객들의 요구사항과 장기적인 목표를 충족하기 위한 것입니다.

사업적 감각
영업부장직의 사람은 사업적 감각, 진취성, 그리고 탐구능력을 가지고 있어야 한다.

일반 소비자 대출
회사는 대출자들의 변화하는 생활방식을 만족시키기 위해 그들의 편의에 맞는 방식으로 저렴한 이자율로 일반 소비자 대출을 제공할 것이다.

세관 규정
지난 2년에 걸쳐 세관 규정에 대한 더 커져가는 이해는 중소업체들 사이에서 더 긍정적인 전망을 설명해 주고 있다.

통관 수속
정부는 통관 수속에 필요한 서류작업을 간소화함으로써 통관 운영을 능률적으로 계속할 것이다.

customs declaration
Providing false information in your **customs declaration** results in liability under the current Customhouse Brokerage Act.

product availability
For more information regarding prices and **product availability** in your area, please contact your local representative.

product recognition
In today's increasingly competitive retail environment, strong **product recognition** is essential in business.

sales[marketing, advertising] strategy
The objective of the study report is to develop a new **marketing strategy** to create environmental awareness among people.

insurance coverage
The effective date for **insurance coverage** is the first day of the month following completion and submission of the enrollment forms and payroll deductions.

earnings growth[report]
Many investors and financial commentators believe that high **earnings growth** rates and high rates of return are synonymous.

세관 신고
세관 신고서에 잘못된 정보를 제공하는 것은 현행 통관법 하에 책임을 지게 되는 결과를 가져온다.

제품의 유무
귀하의 지역에서 가격과 제품의 유무에 관해 더 많은 정보를 원하시면 지역 담당자에게 연락하십시오.

제품의 인지도
오늘날의 점점 경쟁적인 소매 환경에서는, 강한 제품 인지도가 사업에 있어 필수적이다.

영업(판매, 광고) 전략
이 조사 보고서의 목적은 사람들 사이에서 환경적인 각성을 만들어 내기 위한 새로운 판매전략을 개발하는 것이다.

보험 적용 범위
보험 적용 범위에 대한 효력 날짜는 등록서와 급여 공제서의 완성과 제출 후 그 달 첫째일이다.

수익 성장(보고)
많은 투자가들과 재정 자문가들은 높은 수익 성장률과 높은 회수율이 유사하다고 믿는다.

travel itinerary
Our Traveler's Medical and Immunization Service offers an individualized preventative medical program based on **travel itinerary**.

shipping charges
If the delivery gets delayed resulted in our faults, there will be no **shipping charges** applied.

job description
The applicant must also prepare his or her high-school transcript of records and certificate of employment with **job description**.

welcome reception
Delegates, registered accompanying persons and exhibitors are cordially invited to attend **welcome reception**.

conference participants
All **conference participants** are required to provide an e-mail address where they may be contacted.

expiration date
You cannot use your gift card to make purchases after the **expiration date**.

여행 일정
우리의 여행자 의학 면역 서비스는 여행 일정에 기초하여 개별화된 예방 의학 프로그램을 제공합니다.

선적 비용
만약 배송이 우리 잘못으로 인해 지연된다면 부과되는 선적비용이 없을 것입니다.

직무, 업무 분장
지원자는 또한 자신의 고교 기록 사본과 직업에 대한 설명이 있는 고용 증명서를 준비해야 합니다.

환영회
대표자들, 등록된 동행자들 그리고 전시가들은 환영회에 참석하도록 진심으로 초대합니다.

회의 참석자들
모든 회의 참석자들은 연락될 수 있는 이메일 주소를 제공해야만 합니다.

유효 기간
상품권을 유효 기간 후에는 구매하는 데 사용할 수 없습니다.

waste disposal
Environmental Association drafts a basic conservation plan for **waste disposal** every ten years.

credit rating
Depending on their **credit rating**, offering variable rates to customers is another practice the bank wants to adopt.

a total budget
The amendment will better reflect current construction estimates and will ask the town to approve **a total budget** of $7.5 million.

fiscal year
They explained that the income statement could not be the subject of an audit until the **fiscal year** ending 6/ 30/ 2004.

명사 - 관사 + 명사 + 전치사 + 명사

a sense of sophistication
A visitor to the Park Central will be impressed by the casual **sense of sophistication** that is pervasive throughout the Central hotel.

폐기물 처리
환경협회는 매 10년마다 폐기물 처리를 위한 기본적인 보존 계획을 설계한다.

신용도
신용도에 따라서 고객들에게 다양한 이자율을 제공하는 것은 그 은행이 채택하고 싶어 하는 또 다른 업무형태이다.

총 예산
그 개정안은 현행 건설 견적을 더 잘 반영할 것이며 그 도시에 7백 5십만 달러의 총 예산 승인을 요구할 것이다.

회계 연도
그들은 2004년 6월 30일에 끝나는 회계연도까지 소득명세서가 감사의 주제가 될 수 없다고 설명했다.

세련감
Park Central의 방문객은 Central 호텔 도처에 만연한 세련된 캐주얼 감각에 인상을 받을 것입니다.

a form of identification
To get a Free Library card, you will need to come to the library with **a form of identification** and proof of residence.

the state of the economy
Although there are many positive indications of recovery, the public remains unhappy about **the state of the economy**.

the division of collection
The Department of Finance shall consist of **the division of collection**, the division of accounting and the office of utilities accounting and customer.

the remainder of the week
There should be no impact to traffic as a result of the contractor's activities for **the remainder of the week**.

a position in management
She started at the bottom and has steadily climbed the ladder to **a position in management** of the company.

by product
All natural gas heaters must be vented to the outdoors to remove the **by products** of combustion.

신분 증명 양식
무료 도서관 증을 얻으려면 신분 증명 양식과 거주의 증거를 가지고 도서관으로 오셔야 할 것입니다.

경제 상태
여러 가지 회복에 대한 긍정적인 조짐들이 있지만, 일반 대중은 여전히 경제 상태에 대해 만족하지 못한다.

수금 부서
재정부서는 수금부서, 회계부서 그리고 효용시설 회계와 고객 사무실로 구성되어 있다.

그 주의 나머지
이번 주 남은 기간 동안은 공사업체의 작업으로 교통에 끼치는 영향이 없어야 할 것입니다.

경영진의 지위
그녀는 바닥에서 시작해 회사 경영진의 지위까지 지속적으로 승진해 왔다.

부산물
연소 부산물을 제거하기 위해서 모든 천연가스 난방기들은 외부로 통풍이 되어야 한다.

명사 – 명사 + 전치사

anxiety about
Anxiety about a new job might be a natural and appropriate response to an unfamiliar situation.

observation about
He offered an interesting **observation about** the stock market which has suffered a serious downturn.

confidence in
The world's second-largest and Asia's leading software maker showed strong **confidence in** its business for the rest of the year.

dispute over
Both parties reached an agreement to settle their **dispute over** the right of portrait used in the advertisement.

advocate of
Advocates of free trade and globalization have long argued that trade expansion means more efficiency, higher incomes, and reduced poverty.

tax on
The government decided to impose high **tax on** imports that receive subsidiaries from the governments of the countries of origin.

~에 대한 걱정
새로운 직장에 대한 걱정은 익숙지 않은 환경에 대한 자연스럽고 적절한 반응이 될 수도 있습니다.

~에 대한 관찰
그는 심각한 하강세를 겪은 주식 시장에 대해 흥미로운 관찰을 제시했다.

~에 대한 신뢰
세계에서 두 번째로 큰 아시아 굴지의 소프트웨어 제조업체는 올해 남은 기간 동안의 사업에 강한 자신감을 보였다.

~에 대한 분쟁
양측은 그 광고에 사용된 초상권에 대한 분쟁을 해결하기 위해 합의에 도달했다.

~의 옹호자
자유무역과 세계화의 옹호자들은 오랫동안 무역확장은 더 많은 효율성, 더 높은 수입 그리고 줄어든 빈곤을 의미한다고 주장해 왔다.

~에 부과되는 세금
정부는 원산국의 정부로부터 보조금을 받는 수입품들에 대해 높은 세금을 부과하기로 결정했다.

advance in
The rapid **advance in** medical technology for the last few decades has made numerous diagnostic procedures and therapies widely available.

problem with[in]
A few years ago, the Chrysler mini-van had a potential **problem with** the design of a bumper backup beam.

change with
Over the centuries, the concept of architecture has experienced many **changes with** its patterns.

exposure to
Patients can minimize their chances of sunburn if they avoid **exposure to** direct sunlight after each treatment.

appointment with
Please call our office to schedule an **appointment with** a career counselor.

commitment to
All our faculty members have worked with **commitment to** the shared goals of the transfer of knowledge.

experience in
Candidates must have previous **experience in** the import-export business as well as great entrepreneurial spirit.

~에의 발전
지난 몇 십 년 간 의학의 급속한 발전은 수많은 진단과정과 치료법들을 널리 이용 가능케 했다.

~에의 문제
몇 년 전에 클라이슬러 미니밴은 범퍼 보조 등의 디자인에 잠재적인 문제를 가지고 있었다.

~에의 변화
수세기에 걸쳐 건축에 대한 개념은 패턴에의 많은 변화들을 경험해 왔다.

~에 대한 노출
환자들은 각 치료 후에 직사광선에 대한 노출을 피한다면 햇볕에 탈 가능성을 최소화할 수 있다.

~와의 약속
우리 사무실에 전화해서 취업 상담자와 약속을 잡으십시오.

~에 대한 헌신, 약속
우리 모든 교수진들은 지식의 전달이라는 공통목표에 대한 헌신으로 일해 왔습니다.

~에 대한 경험
지원자들은 위대한 기업가 정신뿐 아니라 수입 수출 사업에 대한 경력이 있어야 한다.

prospect of
The discovery of a single case of mad cow disease in the United States has chilled the **prospect of** increasing imports immediately.

profits from
8% of the net **profits from** the organization must be collected by the city for the purpose of public safety, parks and recreation.

completion of
The project will be formally launched on the **completion of** the feasibility study and necessary procurement process.

동사 – 자동사 + 전치사

collaborate on
Government and other stockholders need to **collaborate on** developing safer and inexpensive alternatives.

contend with
The coal industry had to **contend with** major conversion difficulties in the early years, just as the steel industry also now faces a major over-capacity.

experiment with
In turn, several research teams have **experimented with** the new drug to help control the problem.

~에 대한 전망
미국에서 한 건의 광우병 발견은 즉각적으로 수입 증가에 대한 전망을 냉각시켰다.

~로부터의 수익
그 조직으로부터 나온 순수익의 8%는 공공 안전, 공원 그리고 레크리에이션의 목적으로 시에 의해 징수되어야 한다.

~의 완성(작성)
실현가능성 조사와 필요한 조달 과정이 끝나면 그 프로젝트는 정식으로 시작될 것이다.

~에 대해 협력하다
정부와 다른 주주들은 더 안전하고 저렴한 대안들을 개발하는 것에 대해 협력할 필요가 있다.

~에 대처하다, ~와 다투다.
석탄 산업은 철강 산업이 지금 큰 과다수용에 직면하고 있는 것처럼, 초기 몇 년간 주요 전환 어려움에 대처해야 했다.

~에 대해 실험하다
교대로 몇몇의 연구팀들이 그 문제의 통제를 돕기 위해 새로운 약으로 실험을 해 왔다.

depend on
The success of a restaurant **depends on** the food, the experience, the price, the location and potential patrons.

consist of
This 'Time Management Program' **consists of** two components: assessment and skill enhancement.

engage in
Participants will **engage in** hands-on exercises throughout the presentation.

lead to
While exercise is known to improve mood, excessive exercise may **lead to** mood disturbance in healthy men and women.

compete for
Following this match, the two winners of the semifinals will **compete for** the first and second place.

interfere with
Please do not wear heavy perfumes or colognes, as this can **interfere with** the wine tasting by yourself and others.

aim at
This project **aims at / is aimed at** improving food safety and animal health in organic livestock production systems.

~에 달려있다
식당의 성공은 음식, 경험, 가격, 위치 그리고 잠재적인 단골들에게 달려있다.

~으로 구성되어 있다
이 '시간 관리 프로그램'은 두 가지 요소인 평가와 기술 증진으로 구성되어 있다.

~에 참여하다
참가자들은 발표 내내 직접적인 실습에 참여할 것입니다.

~의 원인이 되다
운동이 기분을 개선하는 것으로 알려져 있기는 하지만 과도한 운동은 건강한 남녀들에게 기분을 저해하는 원인이 될 수도 있다.

~을 위해 경쟁하다
이 게임에 이어서 준결승의 두 승자들이 일등과 이등 자리를 놓고 경쟁할 것입니다.

~을 방해하다
짙은 향수나 콜론은 하지 마십시오. 이는 자신이나 다른 사람들의 와인 맛보기를 방해할 수 있으니까요.

~을 겨냥하다
이 프로젝트는 유기농 가축 생산 시스템에서의 식품안전과 동물의 건강을 개선하는 데 목표를 두고 있다.

add to
At the top level, the summer tours can **add to** the increasing demands made upon players throughout the year.

apologize to
The New York Rangers should **apologize to** their dedicated fans for too many years of ineptitude.

graduate from
Preference is given to candidates who **graduated from** the Political Science, Economics, and Management Schools.

react to
It is not known exactly how many people **react** badly **to** certain ingredients because they are allergic to them.

object to
Some workshop attendees **objected to** the last two developments, predicting that they will lead to weakened standards.

sympathize with
As long-time business partners, they both **sympathized with** the purpose of the national campaign.

proceed with
If the landlord unreasonably withholds consent, the tenant may **proceed with** the sublet.

~에 더하다
최고 수준에서 그 여름 투어는 그 해 내내 선수들에게 주어질 요구사항들을 더 증가시킬 수가 있다.

~에게 사과하다
뉴욕 레인저 팀은 다년간의 부족한 성과에 대해 그들의 헌신적인 팬들에게 사과해야 한다.

~를 졸업하다
정치학, 경제학, 그리고 경영학과를 졸업한 지원자들에게 우대가 주어진다.

~에 반응을 나타내다
얼마나 많은 사람들이 어떤 재료에 알레르기가 있기 때문에 안 좋은 반응을 나타내는지는 알려져 있지 않다.

~에 반대하다
몇몇 워크숍 참가자들은 약화된 기준을 초래할 것이라고 예측하며 지난 두 건의 개발에 반대했다.

~에 동정하다
오랜 사업 조업자로서 그들은 둘 다 그 전국적인 캠페인의 목적에 동감했다.

~을 진행시키다
만약 집주인이 부당하게 승낙을 보류한다면, 임차인은 전대를 진행할 수 있다.

agree with +사람
For many methodological reasons, Mr. Cainz did not **agree with** his senior partners.

agree to[on] +제안
The chairman may not **agree to** the suggestions that you have made in the organization of the company.

emerge as
With huge success of his first book, he quickly **emerged as** a leading writer and lecturer.

participate in
A wide variety of businesses are scheduled to **participate in** the Expo including restaurants, retailers, financial planners.

refer to
It is necessary to **refer to** the manual to discover what those numbers mean.

concentrate on
This program will **concentrate on** improving the individual skills needed to achieve and maintain a high level of performance.

count on
The scholarly associations have long been able to **count on** the revenue generated by the library.

~에 동의하다
여러 가지 방법론적인 이유들로 Cainz 씨는 그의 손위 파트너들에게 동의하지 않았다.

~에 동의하다
의장은 회사의 조직에서 당신이 한 제안들에 동의하지 않을 수도 있다.

~로 등장하다, 부각되다
그의 첫 번째 책의 성공으로 빠르게 그는 앞서가는 작가이자 강연자로 부각되었다.

~에 참가하다
요식업체들, 소매업자들, 재정기획자들을 비롯한 다양한 업체들이 그 엑스포에 참가할 예정이다.

~에 대해 언급하다
그 숫자들이 의미하는 바를 알아내기 위해서는 매뉴얼을 참고하는 것이 필요하다.

~에 집중하다
이 프로그램은 높은 수준의 실적을 이루고 유지하기 위해 필요한 개별적인 기술을 개선시키는 데 집중할 것입니다.

~에 의존하다
그 학회들은 오랫동안 그 도서관에서 발생되는 수입에 의존해 올 수 있었다.

deal with
The provisional measures are formulated to improve foreign investment environment and to **deal with** complaints concerning foreign investment.

deprive of
Those who are **deprived of** sleep over several days tend to experience minimal physical damage such as mood changes or depression.

enroll in
In order to **enroll in** the intensive course or special course, all the following conditions must be met.

familiarize with
The objective of the experiment is to **familiarize with** the basic instruments that will be used throughout this laboratory.

benefit from
Approximately 15 million tenants are expected to **benefit from** the new Rent Control Law that is now in effect.

beware of
Potential employers should **beware of** obtaining such information and also be careful to use objective criteria when making hiring decisions.

~를 다루다, 취급하다
잠정적인 조치들이 외국투자 환경을 개선시키고 외국투자와 관련된 불평들을 다루기 위해 만들어졌다.

~을 제거하다
며칠 동안 잠을 빼앗긴 사람들은 기분변화나 우울증 같은 경미한 육체적 손상을 경험하는 경향이 있다.

~에 등록하다
집중과정이나 특별과정에 등록하기 위해서는 다음의 모든 조건들이 충족되어야 한다.

~에 익숙하게 되다
그 실험의 목적은 이 실험실 도처에서 사용될 기본 도구에 익숙하게 되는 것이다.

~으로부터 혜택을 받다
약 천 오백만의 임차인들이 지금 효력이 발생중인 새로운 임대통제법으로부터 혜택을 받을 것으로 기대된다.

~을 주의하다
잠재적인 고용주들은 그러한 정보를 취득하는 것에 주의해야 하며 또한 채용 결정을 할 때 객관적인 기준을 사용하는 데 주의해야 한다.

plan on
He is **planning on** the expansion of the maintenance facilities to begin this spring.

recover from
Implementing such market-oriented reforms will allow nations to **recover from** economic stumbles more quickly.

stare at
In order to view the 3-D images, simply **stare at** the picture until the image starts to take shape.

wait for
Once the exam is taken, it takes approximately three weeks to **wait for** the results.

apply to
The deal does not **apply to** display patents involving thin-film-transistor liquid crystal display and organic light emitting diode.

withdraw from
They decided to **withdraw from** the portable Internet business.

come by
If you would like to **come by**, please call my office for an appointment.

~할 계획이다
그는 올봄부터 시작할 관리 시설들의 확장을 계획하고 있다.

~으로부터 회복하다
그러한 시장지향적인 개혁을 시행하는 것은 국가들이 경제적인 걸림돌로부터 더 빨리 회복하게 해 줄 것이다.

~을 응시하다
3차원 영상을 관람하기 위해서는 그냥 그 영상이 형태를 잡기 시작할 때까지 그 그림을 응시하세요.

~을 기다리다
일단 시험이 치러지면 결과를 기다리는 데 약 3주가 걸린다.

~에 적용하다
이번 합의는 박막 트랜지스터 액정화면과 유기발광 다이오드 등 디스플레이와 관련된 특허에 적용되지 않는다.

돈을 꺼내다, 철수하다
그들은 휴대인터넷의 사업권을 철회하기로 결정했다.

~에 들르다
방문하실 때에는 제 사무실로 전화하셔서 미리 약속을 하시기 바랍니다.

subscribe to
I **subscribe to** several news groups on the Internet.

abide by
The government is advised to toughen the penalty for failures to **abide by** the new disclosure rule.

infringe on[upon]
Problems remain with corporate governance and transparency that tend to dampen investor sentiment and **infringe upon** the rights of minority shareholders.

belong to
The organization should be independent and not **belong to** any party.

dispose of
I determined to **dispose of** the car.

meddle in
You have no right to **meddle in** my business.

〈신문, 잡지 등을〉 구독하다, 〈정기적으로〉 기부하다
난 인터넷으로 서너 가지의 뉴스를 구독한다.

~을 지키다
새로 만들어질 공시규정을 준수하지 않을 경우 그에 대한 처벌은 강화해야 할 것으로 정부에 조언한다.

〔권리 등을〕 침해하다
투자심리를 저해하고 소수주주의 권리를 침해하는 기업의 지배구조와 투명성에 아직 문제가 남아 있다.

~을 지키다
새로 만들어질 공시규정을 준수하지 않을 경우 그에 대한 처벌은 강화해야 할 것으로 정부에 조언한다.

〈권리 등을〉 침해하다
투자심리를 저해하고 소수주주의 권리를 침해하는 기업의 지배구조와 투명성에 아직 문제가 남아 있다.

~것이다, 속하다
그 기구는 독립적이어야 하며, 어느 당에서 속하지 않아야 한다.

~을 처분하다, 없애다
그 차를 처분하기로 결심했다.

간섭하다, 끼어들다
너는 내 일에 간섭할 권한이 없다.

compete with
Foreign banks and insurance companies will fiercely **compete with** each other for survival.

cope with
This book helps your children to **cope with** reading disorder.

동사 - 타동사 + 목적어 ···

check A for B
The staff will **check** the equipment **for** proper operation ahead of time and provide assistance at the beginning of events.

congratulate (사람) on
Allow me to take this opportunity to **congratulate on** your election as Chairperson, and wish you success in the discharge of your duties.

restrict + 사물 + to
The council previously **restricted** the opening hours **to** 14 hours and is now apparently supporting plans for 45 hours a week.

prohibit A from V-ing
The objective of the Equal Pay Act is to **prohibit** employers **from** discriminating between male and female employees regarding the payment of wages.

경쟁하다
외국 은행과 보험사들은 생존을 위해 서로 치열하게 싸울 것이다.

~에 대응하다, 맞서다
이 책은 자녀들의 읽기 장애에 극복을 도와줍니다.

B를 확인하고자 A를 점검하다
직원들은 미리 올바른 작동을 위해 장비를 점검할 것이며 이벤트 시작할 때 도움을 제공할 것입니다.

~에 대해 (사람을) 축하하다
장으로 선출되신 것을 축하드리며 성공적인 업무 수행을 기원합니다.

사물을 ~에게로 한정하다
위원회는 이전에 영업시간을 14시간으로 한정했었고 지금은 주당 45시간을 위한 안을 명백히 지지하고 있다.

가 ~하는 것을 금지하다
동등 지급 법령의 목적은 고용주들이 임금의 지급과 관련해서 남녀 사원들 사이에 차별하는 것을 금지하는 것이다.

return A to
The receipt shows the date you have to **return** your loans back **to** the library.

regard A as B
Cigarette consumption is **regarded as** an habit which is reversible if approached in the proper manner.

drape A with B
In the entryway to the Gallery, the wall **is draped with** a large red cloth.

compensate A for B
We will not replace the product or **compensate** the customer **for** the loss of the product, if the customer receives the package after the date of delivery.

bring A to a halt
Further progress **was brought to a halt** as a result of the loss of the monopoly on beef trade.

divide A into B
The market research will **divide** the respondents **into** groups such as customers, employees, suppliers and other stake holders.

obtain A from B
This building is now used as an information center, where visitors can **obtain** useful information **from** resident volunteers.

A를 ~에 반환하다
그 영수증에는 당신이 도서관에 대여물을 반환해야 하는 날짜가 나와 있다.

A를 B로 여기다
흡연은 적절한 방법으로 접근하면 되돌릴 수 있는 하나의 습관으로 여겨진다.

A를 B로 장식하다
그 화랑의 입구에는 벽이 큰 빨간 천으로 장식되어 있다.

B에 대해 A에게 보상하다
만약 고객이 배송날짜 이후에 소포를 받는다면 우리는 제품을 교환해 주거나 제품의 손실에 대해 그 고객에게 보상해 주지 않을 것이다.

A를 중단시키다, 정지시키다
쇠고기 무역에 대한 독점을 잃어버린 결과로 더 이상의 진전은 중단되었다.

A를 B로 나누다
그 시장조사는 응답자들을 고객들, 직원들, 공급업자들 그리고 다른 주식 보유자들의 그룹으로 나눌 것이다.

B로부터 A를 얻다
이 건물은 지금 정보 센터로 이용되고 있으며 여기서 방문객들은 지역 주민 자원봉사자들로부터 유용한 정보를 얻을 수 있다.

acquaint A with B
The orientation program is provided to **acquaint** the new employees **with** the major company regulations and policies.

focus A on B
In the present economic situation, we should **focus** our attention **on** improving the sales in domestic market.

brief A on B
In closed session, the attorney will **brief** the council **on** the status of the matter and seek approval for outside counsel.

add A to B
With our new technology, web designers will be able to **add** a sense of physical reality **to** the online shopping experience.

appraise A of B
The intention of our newsletter is to **appraise** you **of** the progress in on-going projects.

attribute A to B
The company **attributed** its success **to** hard work and expanded sales distribution channels into international markets.

A가 B와 친해지도록 하다
신입 직원들에게 회사의 주요 규정들과 사칙들을 숙지시키기 위해 오리엔테이션이 제공된다.

A를 B에 초점을 맞추다
현재의 경제 상황에서는 우리는 국내시장에서의 판매를 증대시키는 데 초점을 맞추어야 합니다.

A에게 B에 대해 간략히 설명하다
비공개로 그 변호사는 위원회에게 그 문제의 상태에 대해 간략히 설명하고 외부 자문을 위한 승인을 구할 것이다.

A를 B에 더하다
우리의 신기술로, 웹 디자이너들은 온라인 쇼핑 경험에 물리적 현실감을 더할 수 있게 될 것이다.

A에게 B를 알리다
우리 사보의 의도는 당신에게 현재 진행 중인 프로젝트의 진척상황을 알리는 것입니다.

A를 B의 탓으로 돌리다
그들은 회사의 성공을 국제시장으로 확대된 판매 유통 채널들과 노고의 덕분으로 돌렸다.

inform[notify] 사람 of A
We will always **inform** you **of** any additional delivery charges before processing any payment.

place A on standby
Employees who perform coordination functions or act as takeover agents at call centers are **placed on standby** duties even on weekends.

present A with B
Each week we **present** the audience **with** a theme and a location and take them on light-hearted journey.

replace A with B
When necessary, the battery should **be replaced with** a new one having a full charge.

warn A of B
The environmentalists have tried to **warn** the government **of** the negative effect the chemical factory could have on the environment.

describe the layout
In next session, Mr. Lee will **describe the layout** of the new convention hall in the trade center.

broaden the knowledge
This internship experience will **broaden your knowledge** of your field and help you to be active in various organizations.

사람에게 A를 알리다
지불을 처리하기 전에 우리는 귀하에게 부가적인 배송료에 대해 항상 알려드릴 것입니다.

A를 대기상태에 두다
조정 역할을 수행하거나 콜센터에서 수행 직원으로 활동하는 직원들은 주말에도 대기상태에 있게 된다.

A에게 B를 주다
매주 우리는 관객들에게 하나의 테마와 위치를 주고 그들을 가벼운 마음의 여행으로 안내한다.

A를 B로 교체하다(대신하다)
필요하다면 배터리는 완전히 충전이 된 새 것으로 교체되어야 한다.

A에게 B를 경고하다
환경론자들은 그 화학 공장이 환경에 미칠 수 있는 부정적인 영향에 대해 정부에게 경고하려고 해 왔다.

레이아웃을 그리다
다음 시간에는 Mr. Lee가 무역센터의 새로운 회의장에 대한 설계를 설명해 주시겠습니다.

지식을 넓히다
이 인턴과정 경험은 당신 분야의 지식을 넓혀서 다양한 조직들에서 활동하도록 도움을 줄 것입니다.

do business
Since it is an important tool in reaching customers, communication skill is nowadays considered essential in **doing business**.

defy description
Tracking via the outer reef the panoramic views **defy description**.

acknowledge receipt of
Once a formal complaint is filed, the consumer office has responsibility to **acknowledge receipt of** the complaint.

have every intention of V-ing
The committee **has every intention of making** this system easy to use, computer friendly, and useful for the researchers.

alleviate congestion
More traffic lights will be installed in order to **alleviate congestion** near the City Hall during the rush hours.

meet the needs
This competency-based curriculum is designed to **meet the needs** of teens who require additional skill-building.

have interest in
If you **have interest in** the position, please forward a letter of application to us at your earliest opportunity.

사업하다
고객들에게 접근하는 중요한 도구이므로 요즈음 의사소통 능력은 사업을 하는 데 꼭 필요한 것으로 간주된다.

형언할 수 없다
바깥쪽의 암초를 지나 걸어가면서 펼쳐지는 전경은 형언할 수 없다.

~의 수령을 통지하다
일단 정식 불만이 제기되면, 소비자 사무실은 그 불만에 대한 수령을 통지할 책임이 있다.

기꺼이 ~할 의사가 있다
위원회는 기꺼이 이 시스템을 사용하기 쉽게, 컴퓨터 친화적으로 그리고 연구원들에게 유용하게 만들 의사가 있다.

혼잡을 완화시키다
출퇴근 시간동안 시청 근처의 혼잡을 완화하기 위해 더 많은 신호등이 설치될 것입니다.

수요를 충족하다
이 능력 중심의 커리큘럼은 부가적인 기술 연마를 요구하는 십대들의 수요를 충족하기 위해 만들어졌다.

~에 관심을 갖다
그 직책에 관심이 있다면 가장 빠른 기회에 저희에게 지원서를 송부해 주십시오.

do one's utmost[best]
We will continue to **do our utmost** to contribute to the health and well-being of people worldwide as an innovative R&D-based company.

meet someone's needs
These questions will help identify problems that will lead to the best solutions available to **meet your customers' needs**.

spend money[time] (on)
Most product development engineers **spend a lot of time on** searching for information.

give a hand
I encourage all of us to **give a hand** to the people who are grief-stricken from the hurricane.

have an influence on
The research findings suggest that stress might **have an influence on** arthritis already present.

make a decision
The council is scheduled to **make a decision** on the establishment and structure of a city advisory body by the end of the month.

place an emphasis on
The workshop will **place an emphasis on** de-escalation strategies in dealing with challenging behaviour.

최선을 다하다
우리는 혁신적인 연구개발 중심의 회사로서 전 세계 사람들의 건강과 웰빙에 기여하기 위해 계속해서 최선을 다할 것입니다.

~의 필요를 충족시키다
이 질문들은 당신의 고객들의 필요를 충족시키기 위해 이용할 수 있는 가장 좋은 해결책들을 가져올 문제들을 인식하도록 도와줄 것입니다.

〈돈을〉 소비하다, 〈시간을〉 보내다
대부분의 제품 개발 엔지니어들은 정보를 검색하는 데 많은 시간을 보낸다.

도와주다
나는 우리 모두가 허리케인으로 슬픔에 잠긴 사람들에게 도움을 주기를 독려합니다.

영향을 미치다
그 연구 결과는 스트레스가 이미 존재하고 있는 관절염에 영향을 미칠 수가 있다는 것을 암시하고 있다.

결정하다
의회는 월말까지 시 자문기구의 설립과 구조에 대한 결정을 할 예정이다.

강조하다
그 워크숍은 도전적인 행동을 다룰 때에 확대방지 전략에 중점을 둘 것입니다.

give[make, deliver] a speech
Without thorough preparation and good material, it is hard to **deliver a good speech** even if you practice.

make use of
We will not **make use of** the information for any other purpose without your consent.

make provision for
The bill is aimed at **making provision for** the prohibition of smoking in public premises.

동사-be p.p.+전치사

be faced with
After years of expenditures that outpaced revenue growth, California **is faced with** a drastic deficit.

be associated with
Every employee who **is associated with** the company must play a part in maintaining our corporate reputation for the highest ethical standards.

be accompanied by
Any witness summoned to a public or closed hearing may **be accompanied by** counsel of his own choosing.

연설하다
철저한 준비와 좋은 자료가 없으면 연습을 하더라도 좋은 연설을 하기는 힘들다.

~을 이용하다
우리는 귀하의 승낙 없이 어떤 다른 목적으로 그 정보를 이용하지 않을 것입니다.

~을 준비하다
그 법안은 공공건물에서의 흡연 금지를 준비하는 데 목적을 두고 있다.

~에 직면하다
몇 년간의 세입을 앞지르는 지출 후에 캘리포니아 주(州)는 급격한 적자에 직면하고 있다.

~와 관련되다
회사와 관련된 모든 직원들은 최고의 윤리 기준에 대한 우리의 기업 평판을 유지하는 데 한 역할을 해야 한다.

~를 동봉(동반)하다
공개 혹은 비공개 청문회에 소환된 증인은 그 자신이 선택한 변호인을 동반할 수 있다.

be assigned to
In most countries, this task will **be assigned to** a small team of experts, working for or with concerned government agencies.

be entitled to
Every employee of the company also **is entitled to** use any accrued or accumulated annual leave for periods.

be subjected to
Fire fighters **are subjected to** many hazards when participating in live-fire training.

be related to
The survey says low education and income **are related to** poor health, chronic illness, and depression among medicare-insured older women.

be equipped with
The new laboratory **is equipped with** chemical fume hood and cabinetry to perform biochemical techniques.

be involved in
Dr. Kidd has **been involved in** developing, implementing and evaluating communication programmes for health care since 1986.

~에 배당되다
대부분 국가에서는 이 일이 관련된 정부기관들과 일하는 혹은 소속된 소수 전문가들에게 배당될 것이다.

~을 받을 자격이 있다
회사의 모든 직원들은 축적되어 생긴 연간 휴가를 얼마간 이용할 자격이 있다.

~에 노출되다
소방관들은 실제 화재 훈련에 참가할 때 많은 위험에 노출된다.

~와 관련이 있다
설문조사에 의하면 낮은 교육과 수입은 노령 건강보험여성들 사이에서 부실한 건강, 만성 질병, 그리고 우울증과 관련이 있다고 한다.

~을 갖추다
새로운 연구실은 생화학 기술들을 수행하기 위한 화학연기 후드와 캐비닛을 갖추고 있다.

~에 종사하다
Kidd 박사는 1986년부터 건강증진을 위한 의사소통 프로그램을 개발하고, 실시하고 평가하는 데 종사해 왔다.

be devoted to V-ing
As one of the world's leading cultural institutions, we **are devoted to** presenting great music and promoting music education.

be qualified for
You must meet the requirements to **be qualified for** the job during your probationary period.

be attached to
Once having paid the corresponding amount of money, the payment receipt has to **be attached to** the documents.

be based on
The allocation of time among political parties **is based on** the size of the party in the previously dissolved parliament.

be concerned in
Androgens and estrogens **are concerned in** the development and maintenance of secondary sexual characteristics.

be engaged in
Around seven thousand people have **been engaged in** the recycling campaign over the 10 years.

~에 열중(헌신)하다
세계 최고의 문화기관들 중 하나로서 우리는 위대한 음악을 보여주고 음악교육을 진흥시키는 데 헌신하고 있습니다.

~에 자격이 있다
당신은 수습기간동안 그 일에 자격을 갖추기 위해 그 요구조건들을 충족시켜야 합니다.

~에 부착되다
일단 상응하는 액수의 돈을 지불하고 나면, 그 지불 영수증은 그 서류에 부착되어야 한다.

~에 토대를 두다
정당들 사이의 시간 할당은 이전에 해산된 국회에서의 당의 규모에 토대를 두고 있습니다.

~에 관계가 있다
안드로겐과 에스트로겐은 2차 성징의 발달과 유지에 관계가 있다.

~에 종사하다
약 7천명의 사람들이 지난 10년간에 걸쳐 그 재활용 캠페인에 종사해 왔다.

be opposed to V-ing
The European Union **is opposed to sentencing** the death penalty in all cases and accordingly aims at its universal abolition.

be absorbed in
He was totally **absorbed in** the book and found it more enjoyable than the previous ones by the same author.

형용사 - be + 형용사 + 전치사(to부정사)

be compatible with
The exterior doors will be designed to **be compatible with** the architectural style of the building.

be concerned about[for, over]
If you **are concerned about** a specific type of treatment, the doctor is obliged to describe other forms of treatment that are available.

be famous[known] for
He **is known for** his advocacy for his client taking the initiative to provide the extra touch, support and compassion.

be noted for
The FDA **is noted for** its strict insistence on fully controlled human studies for proof of efficacy.

~에 반대하다
유럽연합은 모든 법정 사건에 사형을 선고하는 것에 반대하며 그에 따라서 전 세계적인 사형 폐지를 목표로 두고 있다.

~에 몰두하다
그는 그 책에 완전히 몰두했고 같은 저자의 이전 책들보다 더 재미있다고 생각했다.

~와 양립하다, ~와 호환성이 있다
그 외부 문들은 그 건물의 건축 스타일과 양립하도록 만들어질 것이다.

~에 대해 걱정하다
만약 특정 형태의 치료에 대해 걱정이 된다면, 의사는 이용 가능한 다른 형태의 치료를 설명해 줄 의무가 있다.

~로 알려져 있다
그는 자발적으로 특별한 섬세함과 지원, 그리고 인정을 제공하면서 그의 고객을 변호하는 것으로 알려져 있다.

~으로 유명하다
FDA(미식약청)는 효능에 대한 증거를 위해 전면 통제된 인간 연구를 엄격히 주장하는 것으로 유명하다.

be responsive to
This new system will help us **be responsive to** customers better and improve our company image.

be uncertain about
In the case of new products, the problem is that customers **are uncertain about** the quality of new products.

be aware of
Business managers who **are** well **aware of** their leadership style are more likely to succeed at their jobs than their peers.

be willing to do
All board members **are willing to** make in-person visits to potential donors to ask for contributions.

be anxious about
If you **are anxious about** the security of your computer, please visit our website for more information.

be anxious for
We want your continued business and **are anxious for** further relationships with our customers.

be appreciative of
We are proud of the accomplishments we've made over the years and **are appreciative of** the support from our community.

~에 반응하다, 대응하다
이 새로운 시스템은 우리가 고객들에게 더 잘 대응하게 도와줄 것이며 우리 회사의 이미지를 개선시킬 것이다.

~에 대해 확신하지 못하다
신제품의 경우, 문제는 고객들이 신제품들의 품질에 대해 확신하지 못한다는 것이다.

~을 인식하고 있다
그들의 리더십 스타일을 잘 인식하고 있는 사업 관리자들은 그들의 동료들보다 일에서 성공할 가능성이 더 높다.

기꺼이 ~하다
모든 위원회 멤버들은 기꺼이 잠재적인 기부자들에게 도움을 청하기 위해 개인적인 방문을 한다.

~를 염려하다
만약 당신의 컴퓨터의 보안에 대해서 걱정된다면, 더 많은 정보를 위해 우리 홈페이지를 방문해 주십시오.

~을 갈망하다
우리는 귀하의 지속적인 사업을 원하며 우리 고객들과의 더 돈독한 관계를 열망하고 있습니다.

~에 감사하다
우리는 몇 년간에 걸쳐 이룬 성취들을 자랑스러워하며 우리 지역사회로부터의 지원에 감사드립니다.

be apt to do
Businesses planned for service **are apt to** succeed, while businesses planned for profit **are apt to** fail.

be comparable with
The risk to workers of contracting disease from exposure to tobacco smoke **is comparable with** other risk factors.

be comprehensive of
The accounting system should **be comprehensive of** all costs including environmental and resource costs.

be conscious of
At all times, our employees **are conscious of** the needs of their clients, and strive to eliminate barriers in the delivery of services.

be critical of
The report **is critical of** the government for adopting a slow approach in improving food hygiene standards.

be desirous of
If the employees **are desirous of** continuing employment, they will be given the opportunity to do so.

be enthusiastic about
The feedback on the course so far has been very encouraging and workers **are enthusiastic about** taking their skills back into their workplace.

~하기 쉽다
서비스를 위해 계획된 사업들은 성공하기 쉬운 반면, 이윤을 위해 계획된 사업들은 실패하기 쉽다.

~와 비교할 만하다
직원들이 담배연기에 대한 노출로 질병에 걸릴 위험은 다른 위험 요인들과 비교할 만하다.

~을 포함하고 있다
그 회계 시스템은 환경적, 자원 비용을 비롯한 모든 비용을 포함하고 있어야 한다.

~을 의식하다
항상 우리 직원들은 고객의 욕구를 인식하고 있으며 서비스의 전달에 있어 장애를 제거하기 위해 노력하고 있습니다.

~을 비난하다
그 보고서는 식품 위생 기준을 개선시키는 것에 느긋하게 대처하는 정부를 비난하고 있다.

~하고 싶어 하다
만약 그 직원들이 고용을 지속하고 싶다면 그렇게 할 수 있는 기회를 부여받을 것입니다.

~에 열광적이다
그 과정에 대한 피드백은 지금까지 매우 고무적이었고 직원들은 직장으로 그들의 기술을 다시 가져가는 것에 대해 열광적이다.

be equivalent[equal, tantamount] to
This program is for adult learners who have significant knowledge from work which may **be equivalent to** college courses.

be indifferent to
The government has **been indifferent to** the needs and suffering of its people for a long time.

be content with
The survey found that two thirds of the respondents **are content with** current banking services.

be sensitive to
Our employees should challenge themselves to **be sensitive to** environmental issues as they perform their duties.

be suspicious of
A good way to prevent computer virus is if you **are suspicious of** an e-mail, delete it immediately, without even opening it.

be proficient at
We ensure that newly hired employees **are proficient at** safely carrying out their duties before assigning them to critical tasks.

~와 같다, 동등하다
이 프로그램은 대학교 과정과 동등할 수도 있는 직업으로부터의 중요한 지식을 가지고 있는 성인 학습자들을 위한 것이다.

~에 무관심하다
정부는 오랫동안 국민들의 요구와 고통에 무관심해왔다.

~에 만족하다
그 설문조사에 따르면 응답자의 2/3가 현재의 은행 서비스에 만족하고 있다고 한다.

~에 민감하다
우리 직원들은 직무를 수행하면서 환경문제에 민감하도록 스스로 노력해야 합니다.

~을 의심하다
컴퓨터 바이러스를 예방하는 좋은 방법은 어떤 이메일이 의심스러울 때 열어 보지도 말고 즉각 삭제하는 것이다.

~에 능숙하다
우리는 새로이 채용된 직원들을 중요한 일에 배정하기 전에 그들이 업무를 안전하게 수행하는 데 능숙하도록 확실히 하고 있습니다.

be worthy of
This survey shows that the project **is worthy of** investing with its solid financial situation.

be supposed to do
Under the copyright laws you **are supposed to** get permission from the author or publisher before you quote even a brief excerpt.

be committed to V-ing
The government **is committed to** improving the lives of older people and promoting their independence.

be opposite to
The entrance to the underground parking lot **is opposite to** the west gate of the building.

be irrelevant to
Since so much time is devoted to answering questions which **are irrelevant to** everybody, there is little time left to discuss main issues.

be cognizant of
The court should ensure an orderly proceeding and should **be cognizant of** possible security issues.

be superior to
The employees have the right to negotiate for individual terms if they believe they **are superior to** their fellows.

~의 가치가 있다
이 설문은 그 프로젝트가 건실한 재정 상태로 투자가치가 있다는 것을 보여주고 있다.

~하기로 되어 있다
저작권법에 따라 간략한 발췌문이라도 인용하기 전에 저자나 출판업자로부터 허락을 받도록 되어 있다.

~에 헌신하다
정부는 노인들의 생활을 개선하고 그들의 독립을 증진하는 데 헌신하고 있다.

~와 반대이다
지하 주차장 입구는 그 건물의 서쪽 문 맞은편이다.

~와 무관하다
모두와 관계없는 질문에 대답하느라 너무 많은 시간이 허비되어서 주된 문제를 논의할 시간이 거의 남지 않았습니다.

~을 인식하다
법원은 질서 정연한 진행을 확실히 하고, 있을 수 있는 보안 문제를 인식하고 있어야 한다.

~보다 뛰어나다, 우수하다
동료들보다 자신들이 뛰어나다고 믿는다면 직원들은 개개인의 조건을 위해 협상할 권리를 가지고 있습니다.

be consistent with
Human resource policies and practices should **be consistent with** an organization's ethical values and with the achievement of its objectives.

be absent from
Certificates or diplomas will not be granted to those who **are absent from** the program without any permission.

be comparable to
More than half of employers believe a period of consistent temporary work **is comparable to** full-time work, according to a survey.

be ideal for
The soil and humidity in the region have been found to **be ideal for** the growth of this plant.

be interested in
Appointments for a free consultation are available for anyone who **is interested in** getting help with his financial problem.

be responsible for
The association will not **be responsible for** any accident that may be caused through or by an exhibit.

be capable of V-ing
After attending the course, all of our staff members will **be capable of** performing various sophisticated tasks.

~와 일치하다
인사정책과 실행은 한 조직의 윤리적 가치들 그리고 그 목표의 성취와 일치해야 한다.

~에 불참하다
어떤 허락 없이 그 프로그램에 불참하는 사람들에게는 자격증이나 수료증이 수여되지 않을 것입니다.

~와 비길만하다
한 설문조사에 의하면 고용주들의 반 이상은 상당 기간의 일관된 임시직은 정규직에 비길만하다고 믿는다.

~에게 이상적이다
그 지역의 토양과 습도는 이 식물의 성장에 이상적인 것으로 판명되었다.

~에 관심 있다
재정문제에 대한 도움을 얻는 데 관심이 있는 이에게 무료 상담을 위한 약속이 가능합니다.

~을 책임지다
협회는 전시회 내내 혹은 전시회에 의해 야기될 수 있는 사고에 대해 책임을 지지 않을 것입니다.

~할 수 있다
그 과정을 참석하고 나면 모든 우리 직원들은 다양한 복잡한 일들을 수행할 수 있을 것입니다.

be dedicated to 명사(동명사)
She has **been dedicated to** ensuring that API is recognized globally as an employer and we are grateful for her substantial contributions.

be attractive to
The technology should **be attractive to** many small farmers near cities as it is expected to save some distribution expenses from them.

be likely to
Musical instrument auctions **are likely to** be more competitive and instruments may sell at higher prices than at general auctions.

be associated with
Antibiotic use has been found to **be associated with** an increased risk of breast cancer, according to a new study.

be eligible for
The Medical Security Plan applies to individuals who **are eligible for** unemployment compensation under state law.

be happy with something
If you **are happy with** the results of your self-evaluation, the next step is to learn how to start your career.

~에 헌신하다
그녀는 고용주로서 API가 세계적으로 확실히 인식되도록 하는 데 헌신해 왔으며 우리는 그녀의 실질적인 공헌에 감사하고 있습니다.

~에게 매력적이다
그 기술은 얼마간의 물류비용을 덜어줄 것으로 예상되므로 근교의 많은 소규모 농부들에게 분명히 매력적일 것이다.

~할 것 같다
악기 경매는 더 경쟁이 심한 경향이 있고 일반 경매에서보다 악기들이 더 비싼 가격에 팔릴 수도 있다.

~와 관련이 있다
새로운 연구에 따르면 항생제 사용은 유방암에 걸릴 높아진 위험과 관련이 있는 것으로 밝혀졌다.

자격을 갖추다
그 의료보장 안은 주법에 따라 실업 보상을 받을 자격을 갖춘 개개인들에게 적용된다.

~에 기뻐하다, 만족하다
당신이 자기 평가의 결과에 만족한다면 다음 단계는 당신의 일을 시작하는 법을 배우는 것입니다.

be dependent on
It is essential to know that foreign investment **is dependent on** political stability, transparency and accountability in the country.

remain contingent on
A high degree of supply security will **remain contingent on** the viability of long-term supply contracts.

payable to
The special tax bills **payable to** the city shall be as valid in all respects as other tax bills provided.

형용사 - 형용사+명사

outstanding examples
Although we've received plenty of **outstanding samples**, there's still not enough to accomplish an overall consensus.

electrical connection
As an international supplier of **electrical connection** technology, it is our aim to fully commit ourselves to offering our customers the best products.

endangered species
The new action will help protect **endangered species** from pesticides while at the same time maintaining the necessary pest control.

~에 의지하다
외국인 투자는 그 나라의 정치적 안정, 투명성, 책임성에 달려 있다는 것을 아는 것이 중요하다.

~에 달려 있다
높은 공급 안정도는 장기적인 공급 계약의 실행 가능성에 달려 있다.

~에게 지불해야 할
시에 지불해야 할 그 특소세 청구서들은 다른 세금 청구서들만큼이나 모든 면에서 유효할 것이다.

현저한 견본
많은 현저한 견본들을 받았음에도 여전히 전반적인 의견합의를 성취할 만큼 충분하지는 않다.

전기 연결
전기 연결 기술의 국제적인 공급업체로서 고객들에게 최고의 제품을 제공하기 위해 완전히 헌신하는 것이 우리의 목표이다.

멸종위기의 종
새 조치는 살충제로부터 멸종위기의 종을 보호하는 데 도움을 줄 뿐 아니라 동시에 필요한 해충 통제를 관리할 것이다.

outstanding payment
Before purchasing a used-car, confirm that the owner does not have **outstanding payment** installments on the vehicle.

overtime allowance
Overtime allowance has to be paid if the employee is required to work beyond his contractual hours of work.

allergic reactions
Product liability insurance is necessary because customers may have **allergic reactions** due to some chemical residue.

written notification
Personal participation cancellation is possible only in **written notification** 10 days before the conference.

delicate issue
This one-day seminar shows you how to deal with **delicate issues** in the workplace in full compliance with employment law.

independent agency
NSF is an **independent agency** of the Federal government established to promote the progress of science and engineering.

미결 채무
중고차를 구입하기 전에 그 소유주가 차량에 대해 미결 채무 할부금이 없다는 것을 확인하라.

초과 근무 수당
만약 그 직원이 계약상의 업무시간을 넘어서 일해야 한다면 초과 근무 수당이 지급되어야 한다.

알레르기 반응
제품 책임보험은 고객들이 어떤 화학 잔류분 때문에 알레르기 반응을 보일 수도 있기 때문에 필요하다.

서면 통보
개인적인 참석 취소는 회의 10일전에 서면 통보로만 가능하다.

민감한 사안(문제)
이 일일 세미나는 여러분에게 고용법을 완전히 준수하여 직장 내에서 민감한 문제들을 다루는 법을 보여드릴 것입니다.

독립기관
NSF는 과학과 공학의 발전을 진흥시키기 위해 세워진 연방 정부의 독립기관이다.

reliable employee
The head hunting company has expertise to provide clients with the information they need to hire **reliable employees**.

environmental hazards
Because of new regulations and standards about workplaces, exposures to some **environmental hazards** have decreased a lot.

a limited number
This program is not open to everyone as we have only **a limited number** of seats available.

visual aids
It's particularly dangerous to use **visual aids** right after lunch or dinner since the darkness may induce dozing.

comprehensive testing
Extensive research and development, combined with **comprehensive testing**, has resulted in the success of our business.

regular assessment
From the next week the security officer will carry out a **regular assessment** of compliance with the security policy.

믿을 만한 직원
그 헤드헌팅 회사는 전문성을 가지고 고객들에게 믿을 만한 직원채용에 필요한 정보를 제공한다.

환경 위험
직장에 대한 새로운 규정들과 기준들 때문에 어떤 환경 위험에 대한 노출은 많이 감소하였다.

제한된 수
제한된 수의 좌석만을 가지고 있어 이 프로그램은 모두에게 공개적인 것은 아닙니다.

시각 자료
어둠이 졸음을 유발할 수 있기 때문에 점심이나 저녁식사 직후에 시각자료를 이용하는 것은 특히 위험하다.

종합 시험
종합 시험과 함께 광범위한 연구 개발이 우리 사업의 성공을 가져왔다.

정기 평가
다음 주부터 보안 관리자가 보안정책의 준수에 대한 정기 평가를 실시할 것입니다.

detailed[specific] maps
Surveillance satellites have been placed in orbit about the Moon, Mars and Venus to provide **detailed maps** of their surfaces.

consolidated income
Our software will make it easy for you to analyze any data such as **consolidated income** statement.

confirmed reservations
Except for standby fliers, all passengers are required to have **confirmed reservations** for their flights.

subsequent events
The responses of the local community to his presentation have been incorporated in the **subsequent events**.

vested interest
For centuries, conservatives were the ones who controlled **vested interests**.

accurate information
We received a piece of **accurate information** on the new product last week.

audio-visual equipment
The **audio-visual equipment** was sold to the highest bidder.

상세한 지도
달, 화성, 금성의 표면에 대한 상세한 지도를 제공하기 위해 궤도상 감시 위성들이 설치되었다.

통합된 수입
우리 소프트웨어는 여러분이 통합된 수입과 같은 자료를 분석하는 것을 쉽게 해 줄 것입니다.

확인된 예약
대기 승객을 제외하고 모든 승객들은 그들의 비행에 대한 확인된 예약이 되어 있어야 합니다.

연속적인 행사
그의 발표에 대한 지역사회의 반응들은 뒤이어지는 행사들에 편입되었다.

기득권
수세기 동안 보수주의자들은 기득권층이었습니다.

정확한 정보
우리는 지난주 새 제품에 대한 정확한 정보를 얻었다.

시청각 장비
그 시청각 장비는 최고 입찰자에게 낙찰되었다.

constructive criticism
He welcomed **constructive criticism**.

established companies
The **established companies** said it will keep service fees low in the initial stage to build a solid customer base.

excessive regulations
I will make sure that this **excessive regulations** do not hinder corporate investment activities.

exciting marketing campaign
The **exciting marketing** campaign ends next week.

ideal venue
It is likely that the members to the talks will discuss the most **ideal venue** to replace Beijing.

prepaid envelope
Send a **prepaid envelope** to the following address.

impeccable taste
Those who have tasted Korean food instantly, fall for its **impeccable taste**.

immediate supervisor
I was transferred because Sam would have been my **immediate supervisor**.

건설적 비판
그는 건설적인 비판을 받아들였다.

안정된 중견 기업들
안정된 중견 기업들은 확고한 고객 기반을 구축하기 위해 초기 단계에서는 서비스 요금을 낮게 유지할 거라고 말했다.

지나친 규제
나는 이러한 지나친 규제가 기업의 투자 활동을 저해하지 않는다고 확신합니다.

흥미로운 마케팅 캠페인
흥미로운 마케팅 캠페인은 다음 주에 끝난다.

이상적인 개최지
회담 참가국들이 베이징을 대신할 다른 이상적인 장소를 논의할 것 같다.

우편요금이 미리 지불된 봉투
우편 요금이 선납된 봉투를 다음 주소로 부치시오.

깔끔한 맛
한국 음식을 맛본 사람들은 그 깔끔한 맛에 즉시 매혹된다.

직속 상사
Sam이 제 직속 상사가 되기 때문에 저는 다른 조로 이동이 되었습니다.

industrial complex
The **industrial complex** will start operations at the end of this month.

parties interested
A hearing is set for next Monday to settle the medals dispute with all the **parties interested** present.

mounting pressure
I will make best efforts to help our member companies do business free from **mounting pressure**.

nominal fee
Airlines may capitalize on the discrepancy between a **nominal fee** and market prices to offset the rising fuel costs.

reclining chair
Avoid sitting too long and get a **reclining chair**.

reliable analysis
IDC, a **reliable** market **analysis** firm, forecasts that XDR DRAM market will grow steadily to reach 800 million 256-megabit-equivalent units by 2009.

unclaimed items
I can give you **unclaimed items** now.

산업단지
이 산업 단지는 이달 말에 가동에 들어간다.

이해 당사자들
다음 주 월요일 이해 당사자들이 모두 출석한 가운데 메달 소청 심리가 열린다.

가중되는 압력
나는 회원기업들이 가중되는 압력에서 벗어나 기업 활동을 할 수 있도록 돕는 데 최선을 다하겠다.

명목상의 수수료
항공사들이 명목상의 수수료와 시장가격 사이의 차이를 이용해 연료가격 증가를 상쇄할 수 있을 것이라고 말했다.

안락의자, 뒤로 젖혀지는 의자
너무 장시간 앉아 있는 것을 피하고 안락의자를 사용하시오.

믿을 만한 분석
믿을 만한 시장분석 회사인 IDC는 XDR DRAM 시장이 성장세를 지속하여 2009년까지 256 메가비트 급으로 환산하여 8억 개에 달할 것으로 전망하고 있다.

찾아가지 않는 물건들
지금 찾아가지 않는 물건들을 드릴 수 있습니다.

revised edition
The Finance Ministry said it will pursue corrections beginning with **revised edition** of the textbooks.

unexpected outcome
They are pessimistic about the **unexpected outcome**.

valid receipt
We deliver goods in exchange for a **valid receipt**.

artificial waterway
The deal involves the third, fourth and fifth phases of construction on a 19-phase project to build a **artificial waterway** in the North African country.

durable material
Dior's golf bag is made of **durable material** printed with pink, yellow, fuchsia and black argyle patterns.

exclusive right
Currently, the prosecution is the main body of criminal investigations and has the **exclusive right** to take cases to court.

original receipt
The company requires that each receipt be detailed, and I can't find all the **original receipts** hidden in his wallet, glove box, coat pockets, underwear drawer or shaving kit.

개정판
재경부는 교과서의 개정판부터 수정해 나가겠다고 말했다.

예기치 못한 결과
그들은 예기치 못한 결과에 대해 회의적이다.

유효한 영수증
유효한 영수증과 물품을 교환하여 드립니다.

인공 수로
이 거래는 북아프리카에 위치한 리비아에 인공 수로를 건설하기 위한 총 19차 건설사업 중 3차, 4차, 5차 공사에 대한 것이다.

내구성이 뛰어난 재료
디오르의 골프백은 핑크, 노랑, 자홍, 검정 마름모 무늬가 그려진 내구성이 뛰어난 재료로 만들어졌다.

독점권
현재 검찰은 범죄 수사의 주체이며 기소권을 독점하고 있다.

영수증 원본
회사는 모든 영수증 원본의 구체적인 내역을 요구하는데 그가 지갑이나 자동차 글러브박스, 속옷 서랍, 면도기 함에 넣어둔 모든 영수증을 제가 찾기란 불가능합니다.

전치사

at a rate of
The earth's gravity causes the sun to move **at a rate of** about 0.1 meters per second.

at a/an/the rate[cost, price, expense] of
In an off-market transaction, he bought 10,000 bond shares of our company **at a price of** EUR 1.00 per piece.

at a reasonable rate[price]
The company has a reputation for offering high quality products **at a reasonable price**.

beyond one's ability
Rising energy costs are a result of increasing oil prices - a consistent global trend which is **beyond our ability** to control.

on the basis of
The curriculum for each course of study is prepared **on the basis of** natural science.

by request
In the meantime, additional information can be provided **by request**.

with care
The installation of the program will be conducted **with care** in a timely fashion suited to your work schedule.

~의 속도로
지구의 중력은 태양으로 하여금 초당 0.1 미터의 속도로 움직이게 한다.

~의 가격으로
장외시장 거래에서 그는 우리 회사 채권 주식 일만 주를 주당 1유로화의 가격으로 구입했다.

저렴한 가격으로
그 회사는 저렴한 가격으로 품질 높은 제품을 제공하는 것으로 유명하다.

~의 능력 밖의
점점 늘어가는 에너지 비용은 점점 올라가는 석유가격의 결과이다. 이는 우리의 통제능력 밖인 일관된 세계적 추세이다.

~에 기초하여
각 연구과정의 커리큘럼은 자연과학에 기초하여 준비되어진다.

요구에 응하여
그 동안에 추가 정보는 요청에 따라 제공될 수 있다.

신중히
그 프로그램의 설치는 당신의 업무일정에 맞추어 적절한 방식으로 신중히 실시될 것입니다.

with dedication
Management is proud of the maintenance staff who worked **with dedication** for long hours for these inspections.

with ease
By following this procedure, certain types of difficult waterproofing problems can be solved **with ease**.

on business
Whenever you or your employees travel **on business**, we'll protect your business property, including your laptop computer.

on purpose
If someone break the rules **on purpose** to gain an advantage, the penalty will be given.

to excess
For decades, some middle east countries have been dependent on its resources **to excess**.

in the suburbs of
Our firm is located **in the suburbs of** New York, home to many corporate headquarters.

above one's expectations
As far as margins are concerned, the company's performance for this year is **above our expectations**.

헌신적으로
경영진은 오랜 시간동안 이 감찰들을 위해 헌신적으로 일한 관리 직원들을 자랑스럽게 생각합니다.

쉽게
이 절차를 따름으로써, 어떤 형태의 어려운 방수 문제들은 쉽게 해결될 수 있다.

사업 차
귀하나 귀하의 직원이 사업차 여행할 때마다 우리는 노트북 컴퓨터를 비롯한 귀하의 사업 재산을 보호해 드릴 것입니다.

고의로
누군가 고의로 이득을 취하기 위해 그 규칙을 어긴다면 처벌이 주어질 것이다.

지나치게
수십 년 동안 일부 중동국가들은 지나치게 자원에 의존해 왔다.

~의 근교에, 교외에
우리 회사는 많은 기업체 본사들의 집산지인 뉴욕의 근교에 위치하고 있습니다.

기대 이상인
수익에 관해서, 올해의 회사 실적은 우리의 기대 이상입니다.

at one's convenience
A gift certificate will be issued and may be used **at your convenience** subject to availability.

in one's[the] absence (of)
His job also requires the ability to make routine independent judgments **in the absence of** supervisor.

make by hand
This tour will give visitors an opportunity to see how the musical instruments are **made by hand** in traditional fashion.

in effect
It is recommended to get your car inspected before the new traffic law goes **in effect**.

on the wane
They decided to look for an alternative when the market in which they invested was already **on the wane** or an investment bubble was about to burst.

in honor of
Dr. Kane was invited to make a speech **in honor of** the success of the institute and the dedication of researchers.

upon request
Outdoor picnic furniture may be available **upon request** if you pay additional rental fees.

형편이 닿는 대로
상품권이 발행될 것이며 그것은 이용가능 여부에 따라 귀하가 편리하신대로 사용될 수 있습니다.

~의 부재 시에
그의 일은 감독관의 부재 시에 일상적인 독립된 판단을 하는 능력을 요구하기도 한다.

손으로 만들다
이 투어는 방문객들에게 전통악기들이 어떻게 전통 방식으로 손으로 만들어지는지 볼 기회를 줄 것입니다.

시행되는
새 교통법이 시행되기 전에 당신의 차를 점검받는 것을 권합니다.

쇠퇴하기 시작하여
그들은 투자한 시장이 벌써 쇠퇴하기 시작했고 투자 거품이 막 터지려 했을 때 대안을 찾기로 결정했다.

~에 경의를 표하는
박사는 연구소의 성공과 연구원들의 헌신에 경의를 표하는 연설을 하기 위해 초대되었습니다.

요청 시에
추가 임대비용을 낸다면 야외 피크닉 가구는 요청 시에 이용할 수도 있습니다.

on the recommendation of
The decision of participation is usually made **on the recommendation of** the chairman of the education committee.

for one's convenience
For your convenience, we have provided two telephones with separate extensions in each guest room.

until further notice
Due to the ongoing renovations to the Library, the Archives and several Special Collections will be delayed **until further notice**.

through years
This job requires the special expertise that is gained only **through years** of experience.

throughout the year
Although you miss the deadline, some items may still be available **throughout the year**.

in the foreseeable future
The company's aim is to be amongst the top 5 in the film market **in the foreseeable future**.

in conclusion
In conclusion, the construction of the multi-purpose Dam has caused many negative results.

~의 추천으로
참가 결정은 대개 교육위원회의 의장의 추천으로 이루어집니다.

편의를 위해
여러분의 편의를 위해 우리는 각 접대실에 별개의 내선으로 두 대의 전화를 제공했습니다.

추후 통지가 있을 때까지
현재 진행 중인 도서관의 내부공사로 인해 보관 문서 및 몇몇 특별 소장품은 추후 통지가 있을 때까지 지연되겠습니다.

수십 년간
이 일은 수십 년간의 경험을 통해서만 얻어지는 특별한 전문성을 요구한다.

1년 내내
마감기한을 놓친다 해도 몇몇 품목은 1년 내내 여전히 구입이 가능할 것입니다.

가까운 장래에
회사의 목표는 가까운 장래에 영화 시장에서 톱 5안에 드는 것이다.

결론적으로
결론적으로 그 다목적 댐의 건설은 많은 부정적인 결과를 가져왔다.

in detail
The poster will give physical examples of, and explain **in detail** which types of materials should and should not be placed in the recycling bin.

in print
A new collection of James Conal's early literary short stories is now **in print** and available in any bookstore.

in defiance of
They decided to continue the strike **in defiance of** the recommendation of the labor union.

in conflict
Due to age, health or family circumstances, most of the employees found such a schedule **in conflict** with responsibilities of their work.

in duplicate
Please submit all amendments, additions and replacement documents **in duplicate** accompanied by a signed letter indicating the patent application.

with patience
We have spent a lot of time and efforts with the development of the product and have waited **with patience** for the response of consumers.

상세히
그 포스터는 어떤 종류의 물질이 재활용 통에 들어가고 또 들어가지 않아야 하는지에 대해 물리적인 사례를 보여주고 상세히 설명해 줄 것입니다.

출판 중인
James Conal의 새로운 초기 문학 단편 모음집이 지금 출판중이며 서점에서 구할 수 있습니다.

~에 대항하여
그들은 노동조합의 권고에 대항하여 파업을 계속하기로 결정했다.

〈시간이〉 서로 맞지 않는, 상충하는
나이, 건강 또는 가족상황 때문에 대부분의 직원들은 그러한 일정을 그들의 업무와 상충한다고 보았습니다.

두 통(장)으로
모든 조항, 추가 사항 그리고 대체사항 서류들을 특허 출원을 나타내는 서명된 편지와 함께 두 장씩 제출해 주십시오.

인내심 있게
우리는 그 제품의 개발에 많은 시간과 노력을 보냈고 인내심 있게 소비자들의 반응을 기다렸다.

by mistake
I broke the vase **by mistake**.

at random
One winner will be selected **at random** from all eligible entries received from participants between the two days.

at the risk of
At the risk of losing their position in the market, they decided to change the company name and logo.

at stake
It is practically hard for government officials to be supportive about economic efficiency of the project when their own positions are **at stake**.

with few exceptions
The committee recommended that the proposed agendas be adopted in the project **with few exceptions**.

with interest
Each component of an application will be reviewed **with interest** in the recommendations and personal characteristics.

within the organization[guidelines, company]
One of the major problems we identified through this process was the need to improve overall teamwork and communication **within the organization**.

실수로
난 실수로 그 화병을 깼다.

함부로, 무작위로
한 명의 우승자가 양일간에 참가자들로부터 받은 모든 자격 있는 출품물로부터 무작위로 선출될 것이다.

~의 위험을 무릅쓰고
시장에서의 입지를 잃을 위험을 무릅쓰고 그들은 회사이름과 로고를 바꾸기로 결정했다.

위기에 처한
정부 관리들이 자신들의 직책이 위기에 처해 있을 때 그 프로젝트의 경제적인 효율성에 대해 지지하는 것은 실제적으로 힘들다.

거의 예외 없이
위원회는 제안된 안건들이 거의 예외 없이 채택되어야 한다고 권고했다.

관심 있게
지원서의 각 요소들이 추천서와 개인적인 특성에 있어서 관심 있게 검토될 것입니다.

조직(지침한도, 회사) 내에서
이 과정을 통해 우리가 알아낸 주요 문제들 중 하나는 조직 내에서 전반적인 팀워크와 의사소통을 개선할 필요였다.

PART 7 Reading Comprehension

광고 - 채용, 직업, 급여, 근무형태, 구매

recruit [rikrú:t]
The executive director **recruited** an able crew of assistants.

vacancy[opening] [véikənsi]
I happened to hear there was a **vacancy** in that firm.

field [fi:ld]
They accounted themselves experts in that **field**.

position [pəzíʃən]
It has awakened him to a sense of his **position**.

job interview
This wraps up the **job interview**.

candidate[applicant] [kǽndədèit]
Every **candidate** must write their name in full.

successful candidate
The greater part of the **successful** candidates were university men.

competent candidate
He is **competent candidate** to do the task.

지문별 필수 어휘

(v) 모집하다
전무이사는 유능한 조수들을 채용했다.

(n) 빈자리, 공석
나는 그 회사에 공석이 있다는 것을 언뜻 들었다.

(n) 업종
그들은 자기들이 그 업종에서 전문가라고 스스로 생각하고 있었다.

(n) 직위
그것은 그에게 자기 지위의 중요성을 깨닫게 했다

면접
이것으로 면접은 끝내겠습니다.

(n) 지원자
모든 지원자는 이름을 정식으로 써야 한다.

근무 확정자
근무확정자의 과반수는 대학 출신이었다.

우수한 지원자
그는 그 일을 해낼 우수한 지원자이다.

competitive salary
He gets the **competitive** salary to his ability.

benefit [bénəfit]
Most of the employees get a considerable **benefit**.

qualification [kwɑ̀lifəkéiʃən]
He has excellent **qualifications** for a team captain.

requirement[requisite] [rikwáiərmənt]
Quality is first and last the only **requirement**.

expert[specialist] [ékspəːrt]
He's quite an **expert** when it comes to what goes on in this business.

résumé[career record, curriculum vitae] [rizúːm]
He presented an application along with his **résumé**

cover letter
He affixed his signature to a typewritten **cover letter**.

reference letter[letter of recommendation]
I append Mr. Cho's **reference letter** here with.

paycheck[salary, wage, compensation] [péitʃèk]
I presented my **paycheck** at the bank.

dividend[allotment] [dívədènd]
A **dividend** of 6 percent on the common shares was paid.

뒤지지 않는 보수
그는 그의 역량에 뒤지지 않는 보수를 받고 있다

(n) 복지 혜택
대부분의 직원들은 많은 복지혜택을 받는다.

(n) 자격 요건
그는 팀의 주장으로서 충분한 자격이 있다.

(n) 필수 요건
질이 좋아야 하는 것이 전체를 통하여 유일한 필수 조건이다 .

(n) 전문가
그는 이 업계에 관한한 전문가이다.

(n) 이력서
그는 이력서를 첨부해서 지원서를 제출했다.

자기소개서
그는 타이핑된 친 소개서에 서명했다.

추천서
여기에 Mr. Cho의 추천서를 첨부합니다.

(n) 급여
나는 은행에서 급료 지불 수표를 제시했다.

(n) 이익 배당금
보통주에 대하여 6부의 이익 배당을 했다.

commission [kəmíʃən]
They pay a three percent **commission** on a sale.

allowance [əláuəns]
The boss gives an **allowance** of 10,000 won to workers.

bonus[incentive, reward] [bóunəs]
With the economy so bad, I guess we can't expect much in the way of a **bonus**.

vacation[time off] [veikéiʃən]
The program was halted during the **vacation**.

pension [pénʃən]
He is entitled to a **pension**.

on strike
They instigated workers to go **on strike**.

union [júːnjən]
They held daily conferences with the local **union** representatives.

handmade [hǽndméid]
Old **handmade** work will outwear new machine goods.

portable [pɔ́ːrtəbl]
In fact the price of **portable** phones keeps coming down while quality keeps going on.

(n) 성과 배당금
그들은 건당 3퍼센트의 배당금을 지불한다.

(n) 수당
사장은 직원들에게 만원의 수당을 지급한다.

(n) 상여금
이렇게 경기가 좋지 않은 상황에서는 보너스도 기대할 수 없을 것 같다.

(n) 휴가
그 프로그램은 휴가 기간 동안 쉰다.

(n) 연금
그는 연금을 받을 자격이 있다

파업하다
그들은 근로자를 선동해서 파업을 시켰다.

(n) 노동조합
그들은 지방 노조 대표와 연일 회의를 열었다

(n) 수공의
옛날의 수제품이 지금의 기계품보다 튼튼하다.

(n) 들고 다닐 수 있는
실은 휴대용 전화기의 가격은 자꾸 내려가고 성능은 점점 더 좋아지고 있습니다.

merchant[dealer, vendor] [mə́ːrtʃənt]
The **merchant** has a large staff of clerk.

sales receipt[sales slip]
We deliver goods in exchange for a **sales receipt**.

stiff price
Salt is selling at a **stiff price**.

reasonable price
We will give it to you at a **resonable price**.

broadcast [brɔ́ːdkæst]
The **broadcast** begins at 6 a.m.

satellite [sǽtəlàit]
They injected the **satellite** into its orbit.

editor [édətər]
The **editor** is responsible for the wording.

publication [pʌ̀bləkéiʃən]
The **publication** of the magazine ceased with the May number.

release[issue] [rilíːs]
It is available on the day of **issue** only.

edition[print] [idíʃən]
Some revisions have been made in the second **edition**.

(n) 상인
그 상인은 많은 점원을 거느리고 있다.

영수증
영수증과 물품을 교환하여 드립니다.

비싼 가격
소금이 비싼 가격에 팔리고 있다.

저렴한 가격
저렴한 가격으로 드리겠습니다.

(n) 방송
방송 개시는 오전 6시다.

(n) 위성
그들은 인공위성을 궤도에 쏘아 올렸다

(n) 편집자
편집자는 기사에 대한 책임이 있다.

(n) 출판
그 잡지는 5월호로 폐간되었다

(n) 발행
그것은 발행 당일에 한해서 유효하다.

(n) 판
판에서 약간의 교정을 했다.

circulation [sə́ːrkjuléiʃən]
This Sunday edition has a large **circulation**.

contribute an article
He **contributed** an article to journals.

편지 · 이메일, 메모 – 무역 거래, 유통과 판매, 개인 경제생활, 주거 생활, 인사, 관리직 업무, 회사 일반, 직위, 부서

company[business, enterprise, firm, corporation, incorporated, Limited] [kʌ́mpəni]
The **company** is dropping some 100 employees.

headquarters[head office] [hédkwɔ̀ːrtərz]
He is in the **headquarters**.

branch [bræntʃ]
I was appointed to duty with the London **branch** office.

office[bureau] [ɔ́(ː)fis]
The **office** is divided into a number of sections.

department[division, unit] [dipáːrtmənt]
We need someone to fill a hole in our **department**.

offer[suggest, propose] [ɔ́(ː)fər]
A bonus was **offered** as an incentive.

(n) 발행 부수
이 일요판은 발행 부수가 많다.

기고하다
그는 잡지에 기고했다.

(n) 회사
회사는 약 100명의 종업원을 해고하려고 한다.

(n) 본사
그는 본사에 근무한다.

(n) 지사
나는 런던 지점 근무를 명받았다.

(n) 사무소
그 사무소는 여러 과로 나뉘어 있다.

(n) 부서
우리 부서의 빈자리를 메워 줄 사람이 필요하다

(n) 제안하다
상여금이 인센티브로 주어졌다.

demand[request] [dimænd]
They **demand** a reduction of working hours.

discuss[debate] [diskʌ́s]
We will **discuss** the merits of the amendment.

arbitrate[mediate] [á:rbətrèit]
He **arbitrates** between management and labor.

accord[agree] [əkɔ́:rd]
His principles did not **accord** with mine.

be in charge of[take on, be responsible for]
He **is in charge of** the Export Department.

perform[practice, implement] [pərfɔ́:rm]
He **performed** a contract.

examine[review, inspect, monitor] [igzǽmin]
They **examined** every facet of the argument.

accomplish[fulfill] [əkámpliʃ]
He will **accomplish** his purpose by fair means or foul.

appraise[evaluate] [əpréiz]
His job was to **appraise** the student's work.

alter[revise] [ɔ́:ltər]
He slightly **altered** the original design.

(v) 요구하다
그들은 노동 시간의 단축을 요구한다.

(v) 논의하다
우리는 개정안의 장점을 토의할 것이다.

(v) 중재하다
그는 경영자와 근로자 사이를 중재한다.

(v) 동의하다
그의 주의는 내 주의와 일치하지 않았다

(v) ~을 맡다
그는 수출부를 담당하고 있다.

(v) 실행하다
그는 계약을 이행했다.

(v) 검토하다
그들은 그 논의의 모든 면을 검토했다.

(v) 성취하다
그는 수단을 가리지 않고 자신의 목적을 달성할 것이다.

(v) 평가하다
그의 일은 그 학생의 작업을 평가하는 것이었다.

(v) 수정하다
그는 원래의 디자인을 약간 수정했다.

postpone[delay, put off, adjourn] [poustpóun]
The game is **postponed** until Saturday.

cancel[call off] [kǽnsəl]
I can't decide whether to postpone it or **cancel** it.

impending[close at hand] [impéndiŋ]
I feel that some disaster is **impending**.

calculate[account] [kǽlkjulèit]
The population of the city is **calculated** at 150,000.

estimate[assess] [éstəmèit]
The total sum of the contributions is conservatively **estimated** at a million won.

stow[load] [stou]
He **stowed** goods in a hold.

unload[discharge] [ʌ̀nlóud]
Many people **unload** cargoes from a ship.

container[receptacle] [kəntéinər]
That glass **container** you gave me is very handy.

depot[warehouse, repository] [díːpou]
He stores the furniture in a **depot**.

stock[inventory] [stɑk]
The **stock** sank to nothing.

(v) 연기하다
경기는 토요일까지 연기되었다

(v) 취소하다
그것을 연기할 것인지 취소할 것인지 결정할 수가 없다

(a) 〈기한이〉 임박해오는
재난이 임박한 것 같은 예감이 든다.

(v) 계산하다
그 도시의 인구는 15만으로 추산되고 있다.

(v) 산정하다
기부금의 총액은 줄잡아 견적해도 100만원은 된다.

(v) 싣다
그는 화물칸에 화물을 실었다.

(v) 하역하다
많은 사람들이 배에서 짐을 하역하고 있다.

(n) 저장용기
당신이 나에게 준 그 유리 용기는 요긴하게 쓰고 있다.

(n) 창고
그는 가구를 창고 속에 간수하고 있다 .

(n) 재고품
재고가 바닥이 났다.

out of stock[run out]
That article is unluckily **out of stock**.

invoice [ínvɔis]
He made out an **invoice**.

express mail
I sent it by **express mail**.

registered mail
I'd like to put our **registered mail** on vacation hold.

air mail
The European **air mail** closes this evening at ten o'clock.

courier service[messenger service]
I send a letter by a **courier service**.

receipt [risíːt]
I acknowledge **receipt** of your letter.

used car
He bargained that he should not pay for the **used car** till the next month.

compact car
He designed for a new model of **compact car**.

van [væn]
I'm not rich enough to afford a **van**.

재고가 떨어지다
마침 그 물건은 동났습니다.

(n) 송장
그는 송장을 작성했다.

속달 우편
나는 속달 우편으로 보냈다.

등기
휴가 중 우편물 배달을 중지해 주십시오.

항공 우편
유럽행 항공 우편물은 오늘밤 10시에 마감합니다.

배달 서비스
나는 배달 서비스를 통해 편지를 보낸다.

(n) 수신
편지는 잘 받아보았습니다

중고차
그는 중고차 값을 다음 달까지 지불하지 않아도 괜찮도록 약정했다.

소형차
그는 신형 소형 자동차를 설계한다.

소형 트럭
나는 부유하지 않아서 트럭을 살 여유가 없다

start engine
I could not **start** (up) the **engine**.

pull over
I **pull over** a car at the entrance.

car maintenance
He serviced a **car maintenance**.

gas station
The road curves round[round] the **gas station**.

garage[car service center] [gərá:ʒ]
His car sat in the **garage**.

diagnose [dáiəgnòus]
The doctor **diagnosed** her case as tuberculosis.

overhaul [òuvərhɔ́:l]
A man is **overhauling** an automobile.

mechanic[service technician] [məkǽnik]
A **mechanic** estimated for repairing expenses.

insurance policy
They effected an **insurance** policy.

life insurance
I will take out a **life insurance**.

시동을 걸다
나는 시동을 걸 수가 없었다.

차를 세우다
나는 차를 현관에 세운다.

자동차 정비
그는 자동차를 정비했다.

주유소
도로가 그 주유소 주위를 돌아 나 있다.

(n) 정비소
그의 차는 정비소에 그대로 있다.

(v) 진단하다
의사는 그녀의 병을 결핵이라고 진단했다.

(v) 정비하다
한 남자가 자동차를 정비하고 있다.

(n) 정비공
정비공이 수리비를 견적했다.

보험 증서
그들은 보험 증권을 발행시켰다.

생명 보험
나는 생명보험에 가입할 것이다.

health insurance
I took out a **health insurance** policy at my friend's suggestion.

due [djuː]
The note is **due** on the 25th.

overcharge [òuvərtʃáːrdʒ]
He **overcharged** me for repairing the television set.

surcharge[extra charge] [sə́ːrtʃàːrdʒ]
We paid our **surcharge** fee in full.

공고 – 회사업무 일반, 생산, 공항

strategy[tactic, maneuver] [strǽtədʒi]
Let's try to map out a **strategy** for selling this product.

survey[research, study] [səːrvéi]
They use the feedback from an audience **survey**.

advertising[promotion, publicity, campaign] [ǽdvərtàiziŋ]
All that **advertising** we did seems to have had no effect whatsoever.

dispatch [dispǽtʃ]
He **dispatched** an economic mission to India.

건강 보험
친구의 종용으로 건강 보험에 들었다.

(a) 지불 기일이 지난
이 어음은 오는 25일이 만기이다.

(v) 과잉 청구하다
그는 나에게 텔레비전 수리비를 과잉 청구했다.

(n) 연체료, 할증금
우리는 연체료를 완납했다.

(n) 전략
이 상품을 팔 전략을 세우자.

(n) 연구, 조사
시청자 조사의 결과를 이용한다.

(n) 광고, 선전
우리가 한 모든 광고가 아무런 효과도 거두지 못한 것 같다.

(v) 파견하다
그는 인도에 경제 사절단을 파견했다.

appoint [əpɔ́int]
He **appointed** the place for the meeting.

promote [prəmóut]
He was **promoted** (to be) minister.

transfer[relocate] [trænsfə́ːr]
Her husband has been **transferred** to another branch in Boston.

dismiss[fire, let go] [dismís]
The company instructed him that he would be **dismissed**.

conference[convention, session, assembly] [kánfərəns]
It has been decided that the **conference** shall be held next month.

literature[handout] [lítərətʃər]
They distributed campaign **literature** to the audience.

training[seminar, workshop] [tréiniŋ]
He took special **training** in English for his overseas assignment.

reception [risépʃən]
As many as five hundred people were invited to the **reception**.

(v) 지명하다
그는 회합의 장소를 지정했다.

(v) 승진시키다
그는 장관으로 승진했다.

(v) 전근시키다
그녀의 남편은 보스턴의 다른 지점으로 전임되었다.

(v) 해고하다
회사는 그에게 해고를 통고했다.

(n) 회의
다음 달에 회의를 개최하기로 결정되었다.

(n) 유인물
청중들에게 선거 운동용 인쇄물을 배포했다.

(n) 교육행사, 연수
그는 해외 근무를 위해서 영어 특별 교육을 받았다.

(n) 환영회
환영회에 초대된 사람은 500명에 달했다.

banquet [bǽŋkwit]
We gave him a farewell **banquet**.

ceremony [sérəmòuni]
Ceremony began to give way to merrymaking in the banquet(ing) hall.

venue [vénju:]
A court changed the **venue**.

office supplies
Office supplies are more economical to buy goods on a bargain day.

premises[space, office] [prémis]
Customers who are drunk, are not allowed to stay on the **premises**.

entry[admission] [éntri]
Entry formalities have been simplified.

janitor [dʒǽnətər]
His right place is that of a **janitor**.

employer [implɔ́iər]
She admitted to her **employer** that she had made a mistake.

hire[employ] [háiər]
We **hired** a man to mow the lawn.

(n) 연회
우리는 그의 송별회를 열어주었다.

(n) 의식
연회석이 어수선해지기 시작했다.

(n) 장소
법원은 재판 장소를 변경했다.

사무용 비품
사무용품은 바겐세일 기간에 구입하면 경제적이다.

(n) 사무실
술에 취한 손님은 구내에 더 있을 수 없습니다.

(n) 출입
입국 절차가 간편해졌다.

(n) 수위
그에게는 수위 정도가 마땅하다.

(n) 고용주
그녀는 고용주에게 자기가 실수를 한 것을 인정했다.

(v) 고용하다
우리는 잔디 깎는 사람을 고용했다.

employee [implɔ́iː]
You shouldn't be so hard on a new **employee** for just a minor mistake.

staff associate [staff]
The boss relieves his stress by taking his frustrations out on his **staff associate**.

serve[work for] [səːrv]
He **serves** in a government office.

be on duty
They arranged matters so that one of them was always **on duty**.

part-time
This **part-time** work brought me 1,000 dollars.

volunteer [vάləntíər]
He **volunteers** a difficult job.

accountant [əkáuntənt]
The **accountant** emphasized the tax angle of the leasing arrangement.

salesperson[sales representative] [séilzpə̀ːrsn]
Sociability is a great asset to a **salesperson**.

administrator [ædmínəstrèitər]
As an **administrator**, he is simply incapable.

(n) 피고용인
사소한 실수로 신입 사원을 너무 나무라지 마라.

직원
과장은 욕구 불만을 그의 직원들에게 발산함으로써 스트레스를 해소하고 있다.

(v) 근무하다
그는 관청에 근무한다.

근무 중이다
그들은 항상 누군가 한 사람이 근무하고 있도록 배치했다.

시간제
이 시간제 일을 해서 나는 1,000달러를 벌었다.

(v) 자원해서 일하다
그는 자청해서 힘든 일을 맡는다.

(n) 회계직(사)
회계사는 그 임대 계약의 세금 부분을 강조했다.

(n) 판매원(직)
외판원에게 있어서 사교성은 커다란 강점이 된다.

(n) 행정가(직)
그는 관리자로서 전혀 부적격하다.

chairperson [tʃɛərpə̀ːrsn]
The **chairperson** will be chosen from among the members.

CEO (chief executive officer)
This floor houses our **chief executive officer**.

representative [rèprizentèitiv]
I want you to dress in a manner more befitting as a **representative**.

president [prézədənt]
She is the **president's** secretary.

director[trustee] [diréktər]
He was chosen a **director** to offset the president's influence.

consultant[advisor] [kənsʌ́ltənt]
He acts as a **consultant**.

manager[supervisor, foreman] [mǽnidʒər]
He approached the **manager** for a job.

manual[instruction] [mǽnjuəl]
Read the **manual** before you operate the machine.

terms and conditions
They agreed on[upon] the **terms and conditions**.

(n) 회장
의장은 회원들 중에서 선출된다.

최고 경영자
이 층에는 우리 회사의 최고 경영진이 근무하고 있다.

(n) 대표
나는 당신이 좀 더 대표에 어울리는 옷을 입었으면 합니다.

(n) 사장
그녀는 사장 비서다.

(n) 이사, 경영 간부
사장에 대한 견제책으로 그 사람을 중역 자리에 앉혔다.

(n) 고문
그는 고문 일을 맡고 있다.

(n) 부장, 관리직
그는 일자리를 구하려고 부장과 만났다.

(n) 제품 설명서
설명서를 읽고 나서 기계를 조작하시오.

사용 약관
그들은 사용약관에 대해서 합의를 보았다.

property[real estate] [prápərti]
We bargained with him for the use of the **property**.

rent[let, lease] [rent]
I have arranged to **rent** the house.

parlor [pá:rlər]
When he comes, bring him into the **parlor**.

basement [béismənt]
I converted the **basement** into the spare bedroom.

area[district, region, province] [ɛ́əriə]
The climate in this **area** is generally mild.

join [dʒɔin]
I could not decide which club to **join**.

poll[vote, election] [poul]
Now that the **poll** is going on, candidates are agitated, now being optimistic, now pessimistic.

nominate [námənèit]
The mayor **nominated** Mr. Brown as police chief.

manage[govern, control] [mǽnidʒ]
He is incompetent to **manage** the hotel.

(n) 부동산
우리는 그와 그 부동산의 사용에 대해 계약했다.

(v) 세놓다
나는 그 집을 빌리기로 하였다.

(n) 거실
그가 오면 거실로 모셔라.

(n) 지하실
나는 지하실을 여분의 침실로 개조했다.

(n) 지역
이 지역의 기후는 대체로 따뜻하다.

(v) 참여하다
어느 클럽에 들어가야 할지 결정할 수 없었다 .

(n) 투표
선거가 시작되어 후보자들은 일희일비의 상태다 .

(v) 후보로 지명하다
시장은 Brown 씨를 경찰서장에 지명했다.

(v) 관리하다
그는 호텔을 경영할 능력이 없다.

authorities [əθɔ́:rətiz]
You must apply to the **authorities** for permission to take a photograph here.

permission[authorization] [pəːrmíʃən]
He applied to the Government for **permission**.

regulation[law, legislation, ordinance, restriction, code] [règjuléiʃən]
He disposes as prescribed by the **regulation** concerned.

lawful[legal] [lɔ́:fəl]
He was recognized[acknowledged] as a **lawful** heir to the deceased.

기사 - 일반 경제, 기업 경제, 손익, 환경, 의학과 건강, 국가 정치 ……

agriculture [ǽgrikʌ̀ltʃər]
Most of the inhabitants are occupied with **agriculture**.

clothing[apparel, garment] [klóuðiŋ]
She took good care of winter **clothing**.

fabric[textile] [fǽbrik]
Stains can't hurt that **fabric**.

steady[stable] [stédi]
He still hasn't found a **steady** job.

(n) 관계당국
여기서 사진을 찍을 때는 당국의 허가를 맡아야 한다.

(n) 허가
그는 정부에 허가를 신청했다.

(n) 규칙
관계 법규에 따라 처리한다

(a) 법적인
그는 고인의 법적 상속인으로 승인 받았다.

(n) 농업
주민의 다수가 농업에 종사하고 있다.

(n) 의류
겨울의류를 잘 보관해 두었다.

(n) 섬유
저 섬유는 얼룩에도 손상되지 않는다.

(a) 안정된
그는 아직도 안정된 직업을 찾지 못했다.

boom [bu:m]
We must take advantage of the **boom** in world electronics industry.

brisk [brisk]
Business is always **brisk** before Christmas.

prosperous[flourishing] [práspərəs]
All things conspired to make him **prosperous**.

recession[slowdown, slump] [riséʃən]
My business has been hit hard by the **recession**.

stagnant[sluggish] [stǽgnənt]
Business is **stagnant** slack recently.

digit[figure] [dídʒit]
Too bad you missed one million dollar lottery jackpot by one **digit**.

ratio[rate, percentage, percent] [réiʃou]
There is a **ratio** of two girls to one boy in this class.

increase[hike, rise, multiply] [inkrí:s]
In order to **increase** sales, I think we must mark up the price.

decrease[reduce, fall, decline] [dikrí:s]
The statistics indicate that auto accidents are on the **decrease**.

(n) 호황
우리는 세계 전자산업의 호경기를 이용해야 한다.

(a) 〈경기가〉 활기찬
크리스마스를 앞두고는 경기가 항상 활황이다.

(a) 번영하는
모든 일이 잘되어 그는 성공했다.

(n) 경기 불황
내 사업체가 불경기로 인해 큰 타격을 받았다.

(a) 침체된
경제계는 요즘 침체 상태에 있다.

(n) 숫자
한 자리 숫자 때문에 100만 달러 상금을 놓치다니 안됐군.

(n) 비율
이 학급은 여학생 2명에 대하여 남학생 1명의 비율이다.

(v) 증가하다, 성장하다
판매량을 늘리기 위해서는 가격을 더 올려야 한다고 생각합니다.

(v) 감소하다
통계는 자동차 사고가 감소하고 있음을 보여주고 있다.

curtail[curb] [kəːrtéil]
We are **curtailed** of our expenses.

consolidate[merge, combine, amalgamate] [kənsálədèit]
They **consolidated** two companies into one.

go bankrupt[go into bankruptcy, close a company]
Many publishers have **gone bankrupt**, owing to the depression in the publishing business.

commerce [kámərs]
He places emphasis on **commerce** and industry.

profit[benefit] [práfit]
The annual net **profit** amounts to ten million dollars.

loss[damage] [lɔ(ː)s]
The **loss** entailed no regret on him.

monopoly [mənápəli]
The telephone company, which controls the entire telephone industry, is an example of a **monopoly**.

competition[rivalry] [kàmpətíʃən]
We'll never beat the **competition** with conventional methods.

(v) 축소하다
경비를 삭감 당하였다.

(v) 합병하다
두 회사를 합병하여 하나로 합병했다.

파산하다
출판계의 불경기로 많은 출판업자들이 파산했다.

(n) 상업
그는 상공업에 중점을 두고 있다.

(n) 이윤
연간 순익금이 1,000만 달러에 달한다.

(n) 손실
그는 손실을 아깝게 여기지 않았다.

(n) 독점
그 전화 회사는 모든 전화 산업을 지배하고 있는데 시장 독점의 표본이다.

(n) 경쟁
틀에 박힌 방법으로는 경쟁에 이길 수 없다.

international[global, overseas] [ìntərnǽʃənəl]
International telephone service between the two countries has been started.

finance [finǽns]
We have no means to **finance** the desired raise in the wages.

check [tʃek]
Enclosed, please find a **check** for ten dollars.

counterfeit[forgery] [káuntərfit]
He passed a **counterfeit** note.

securities [sikjúərəti]
They liquidated their **securities**.

insurance company
The **insurance company** will insure your jewelry against loss.

deposit[save] [dipázit]
I **deposit** money in[with] a bank.

account [əkáunt]
He has an **account** at a bank.

balance [bǽləns]
He carried the **balance** over to the following fiscal year.

(a) 국제적인
두 나라 사이에 국제 전화가 개통되었다.

(n) 재정
대우를 개선하고 싶어도 재정이 없다.

(n) 수표
10달러 수표를 동봉하였으니 받아 주시기 바랍니다.

(n) 위조
그는 위조지폐를 사용했다.

(n) 유가 증권
그들은 유가 증권을 현금화했다.

(n) 보험회사
보험 회사가 당신의 보석에 대해 손해 보증을 합니다.

(v) 예금하다
나는 은행에 예금한다.

(n) 계좌
그는 은행에 계좌가 있다.

(n) 잔고
그는 잔액을 다음 회계 연도로 넘겼다.

debt [det]
I have a commitment to him to repay all of the **debt**.

factory[plant, facility, operation] [fǽktəri]
The old **factory** is being recycled as a theater.

withdraw[take out] [wiðdrɔ́:]
I could **withdraw** one's savings from the bank but even then we'd not have enough.

introduce [ìntrədjúːs]
We **introduced** a new fashion in hats.

process [práses]
They **process** information with a computer.

quota [kwóutə]
I failed to fill the collection **quota** by 25 percent.

productivity [pròudʌktívəti]
The **productivity** is breaking the record each day.

raw materials[crude materials]
The contracts stipulates for the use of the best **raw materials**.

product[manufactured goods] [prádəkt]
Our competition's **product** is no better than ours in quality, but it is more expensive as you know.

(n) 빚
나는 빚을 다 갚기로 그에게 약속해 두었다.

(n) 공장
낡은 공장을 극장으로 개조 중이다.

(v) 〈돈을〉인출하다
나는 돈을 인출할 수도 있으나 그래도 모자랄 것이다.

(v) 도입하다
우리는 모자에 새 유행을 도입했다.

(v) 처리하다
그들은 컴퓨터로 정보를 처리한다.

(n) 생산 할당량
나는 공출 할당에 25퍼센트 부족했다.

(n) 생산성
생산성이 날로 갱신되고 있다.

원자재
계약서에는 최고의 원자재를 사용하도록 정해져 있다

(n) 생산품
우리 경쟁사의 제품은 품질 면에서 우리 것보다 더 나을게 없는데도 아시다시피 가격은 더 비쌉니다.

goods[merchandise, commodity, ware] [gudz]
I have an assurance that the **goods** shall be sent tomorrow morning.

apparatus[equipment] [æpəræitəs]
He is equipped with a wireless **apparatus**.

healthy[fit] [hélθi]
It is only after we get ill that we know how blessed it is to be **healthy**.

longevity [lɑndʒévəti]
The secret of **longevity** is to be moderate in everything.

nutrition[nourishment] [nju:tríʃən]
The insufficient **nutrition** robbed him out of his sight.

disease[illness, ailment, sickness] [dizí:z]
The nurse caught the **disease** from a patient.

symptom [símptəm]
It is a **symptom** of a cold.

pollution[contamination] [pəlú:ʃən]
We must rescue the environment from **pollution**.

rubbish[waste, garbage] [rʌ́biʃ]
This **rubbish** must be burned up.

(n) 상품
물건을 내일 아침에 배달해 준다는 언질을 받고 있다.

(n) 기계 장비
그는 무전 장비를 갖추고 있다.

(a) 건강한
병이 나야 비로소 건강의 고마움을 느낀다.

(n) 장수
장수의 비결은 절제다.

(n) 영양
영양실조 때문에 그는 실명했다.

(n) 병
간호사에게 환자의 병이 옮았다.

(n) 증상, 징후, 징조
그것은 감기의 징후이다

(n) 오염
우리는 환경을 오염으로부터 구해야 한다.

(n) 쓰레기
이 쓰레기는 다 태워 버려야 한다.

rainfall[precipitation] [réinfɔːl]
The yearly **rainfall** in this town is about 1200 millimeters.

안내문 – 교통, 여행, 여가활동, 식당, 제품, 고객 서비스, 기상 예보

travel[trip, journey] [trǽvəl]
She wants to **travel** to Antarctica, of all places.

voyage [vɔ́iidʒ]
He provided food for a **voyage**.

excursion[tour] [ikskə́ːrʒən]
The students back from their **excursion** broke up in front of the station.

travel agency
He maintains a **travel agency** in every province.

itinerary [aitínərèri]
She arranged the **itinerary** of the party.

destination [dèstənéiʃən]
He ought to have arrived at his **destination** by now.

make a reservation for[book, reserve]
I'd like to **make a reservation for** a single room.

강우(량)
이 마을의 연간 강우량은 1200밀리미터이다.

(n) 여행
그녀는 하고많은 곳 중에서도 하필 남극대륙을 여행하고 싶어 한다.

(n) 항해, 긴 여행
그는 항해를 위해 식량을 준비했다.

(n) 견학, 유람
수학여행에서 돌아온 학생들은 역 앞에서 해산했다.

여행사
그는 각 도에 여행사를 가지고 있다.

(n) 여행 일정
그녀는 일행의 여정을 짰다.

(n) 도착지, 목적지
그는 지금쯤은 목적지에 도착해 있어야 했다.

예약하다
1인실로 예약을 하려고 합니다.

air fare
The **air fare** from London to Cambridge has gone up by a pound.

cuisine [kwizí:n]
This is nowhere near the taste of real French **cuisine**.

drink[beverage] [driŋk]
I asked him if I should **bring** him a drink.

land [lænd]
The plane should be **landing** right on schedule.

subway[metro] [sʌ́bwèi]
We have to change trains if we go by **subway**.

express [iksprés]
He assumed that the **express** would be on time.

charter bus
Thanks to the **charter bus** service, this village has become convenient at last.

ship[boat, vessel] [ʃip]
The **ship** turned about and left the spot.

bellboy[bellhop] [bélbɔ̀i]
Your room is No. 517. The **bellboy** here will show you to your room.

항공료
런던에서 케임브리지까지의 항공료가 1파운드 올랐다.

(n) 〈지역의〉 고유한 요리
이것은 진짜 프랑스 요리 맛과는 거리가 멀다.

(n) 음료
나는 그에게 음료를 가져올지를 물었다.

(v) 착륙하다
그 비행기는 예정대로 착륙할 것이다.

(n) 지하철
지하철로 가면 갈아타야 한다.

(n) 특급 기차(버스)
특급 열차가 제시간에 도착하리라고 그는 생각했다.

전세 버스
요즈음은 전세 버스 덕택으로 이 마을도 드디어 편리하게 됐다.

(n) 배
그 배는 뒤로 방향을 바꾸어 그 지점을 떠났다.

(n) 벨 보이
방은 517호실입니다. 벨보이가 방까지 안내해 드릴 것입니다.

luxury room
He assigned us the **luxury room** of the hotel.

comforts[amenities] [kʌ́mfərt]
The hotel is equipped[fitted] with all modern **comforts** and conveniences.

courtesy bus
There were few passengers in the **courtesy bus**.

고급 객실
그는 우리들에게 그 호텔에서 가장 좋은 방을 배정해 주었다.

(n) 편의 시설
그 호텔은 모든 현대적 설비가 갖추어져 있다.

무료 운행 버스
무료 운행 버스에는 승객이 거의 없었다.

APPENDIX

시험에 자주나오는 토익 필수 숙어

시험에 자주나오는 토익 유사 의미어

APPENDIX

as a result of
Sales to consumer customers grew by one-third, primarily **as a result of** increased market share in digital cameras.

as a whole
This project is a complex task that requires the participation of the community **as a whole**.

every hour on the hour
The river tours begin **every hour on the hour** and are limited to 15 people per tour.

have A in common
GE and Marks and Spencer **have** many things **in common** in their management and both are active in community service.

get in touch with
In order to apply for a home improvement loan, you will need to **get in touch with** your local authorities first.

get involved in
The company encouraged its employees to **get involved in** the recycling program.

필수 숙어

~의 결과로서
디지털 카메라의 증가된 시장 점유의 결과로서 소비자 고객들에 대한 판매가 3분의 1 늘어났다.

대체로
대체로 이 프로젝트는 지역사회의 참여를 요구하는 복잡한 일이다.

매시간 정각에
유람선 투어는 매시간 정각에 시작되며 투어 당 15명으로 제한된다.

A를 공통으로 갖다
GE와 Marks & Spencer는 경영상 많은 공통점이 있으며 지역 서비스에도 둘 다 활동적이다.

~와 연락하다
주택개조 대출을 신청하기 위해서는 먼저 지역 당국과 연락해야 한다.

~에 말려들다
그 회사는 직원들에게 재활용 프로그램에 참여하도록 독려했다.

keep track of
Lost or stolen traveler's checks are replaceable only if you **keep track of** the serial numbers.

take advantage of
To save money, consumers should **take advantage of** free-cost alternatives to directory assistance.

take care of
His secretary will **take care of** documentary process while he is away from the office.

be in charge of
If a board member resigns, the vice-chair will **be in charge of** elections to fill the vacancy.

go ahead
The overall conclusion required more time for the inspection process to **go ahead**.

have yet to do
Makers **have yet to** conclude on their plans of upgrading their new product versions.

lag behind
We urge you to keep in touch with the latest trends and movements so you do not **lag behind**.

~을 알고 있다
분실되거나 도난당한 여행자수표는 그 일련번호를 알고 있을 때만 되찾을 수 있다.

~을 이용하다
돈을 절약하기 위해서 소비자들은 전화 교환 서비스에 대한 무료 대안들을 이용해야 한다.

~을 처리하다
그가 사무실에 없는 동안은 그의 비서가 서류 과정을 처리해 줄 것입니다.

~을 책임지다
만약 이사회의 임원 한 명이 사임하면, 부의장이 그 공석을 채우기 위한 선거를 담당할 것입니다.

진행되다
전반적인 결론은 감사 과정이 진행되려면 더 많은 시간이 요구된다는 것이었다.

아직 ~하지 못하다
제조업자들은 아직 그들의 신제품 버전을 업그레이드하는 안에 대해 결론을 내리지 못했다.

뒤처지다
우리는 여러분에게 뒤처지지 않도록 최신 경향과 움직임들을 계속 접할 것을 촉구합니다.

look forward to V-ing
We **look forward to** discussing with you a wide range of issues in the next meeting.

make it a rule to do[make a point of V-ing]
In order to improve your health, you should **make it a rule to** exercise everyday for at least 30 minutes.

narrow down (A to) B
In the first week of November the Award screening committee will **narrow down** the list of candidates to 10 semi-finalists.

run out of
Nothing is more frustrating than starting an important print job only to find that you are **run out of** printer ink.

show off
This event is designed to be a highly valuable tool for anonymous writers to **show off** their talents to publishers.

show up
Throughout the day, approximately 200 volunteers **showed up** to contribute their time.

sign up (for)
You will be sent an electronic reservation form to **sign up** for the conference excursion.

~하기를 고대하다
우리는 다음 회의에서 당신과 광범위한 문제들에 대해 논의하기를 기대합니다.

~을 규칙으로 삼다
건강개선을 위해서는 적어도 30분 동안 매일 운동하는 것을 규칙으로 해야 한다.

(A의 범위를) B로 좁히다
11월 첫째 주에 심사위원회는 지원자목록을 10명의 준결승 진출자들로 좁힐 것이다.

~를 다 써버리다
중요한 인쇄 작업을 시작하는데 프린터 잉크를 다 써버린 것을 알게 되는 것보다 더 짜증나는 일은 없다.

과시하다
이 행사는 익명의 작가들이 출판업체들에게 자신들의 재능을 과시하기 위한 매우 가치 있는 도구가 되기 위해 만들어졌다.

나타나다, 참석하다
하루 종일, 약 200명의 자원봉사자들이 자신의 시간을 봉사하기 위해 참석했다.

~에 등록하다
컨퍼런스 여행에 등록하기 위한 전자 예약서를 보내드릴 것입니다.

stand by
They must be willing to **stand by** their commitment to meeting your defined service level goals.

stand for
Our new logo **stands for** our goals and visions for the next years.

stop by
If you need to make a deposit, just **stop by** our branch office during business hours or use the ATM.

break down
The National Safety Council suggests the following measures when your car **breaks down** or has a flat tire on the highway.

call on +사람
Before an interview, you can **call on** your prospective employer and ask the receptionist for a product manual or publicity material.

care for
Robot teddy bears are just one of the ways digital technology is being used to **care for** the elderly in Japan.

carry out
To ensure that you do not forget to **carry out** important tasks, an alarm feature is included in all menu items.

지지하다, 대기하다
그들은 틀림없이 당신의 명확한 서비스 수준 목표들을 충족시키기 위한 약속을 지킬 것입니다.

나타내다, 상징하다
우리의 새 로고는 향후 몇 년 동안의 우리 목표와 비전을 나타내고 있다.

~에 잠시 들르다
예치금을 넣어두어야 한다면 영업시간 중에 우리지사 사무실에 들러 주시든가 ATM을 이용하세요.

고장나다
전국 안전위원회는 당신의 차가 고속도로에서 고장나거나 타이어에 펑크가 날 때 다음과 같은 조치들을 제안한다.

~를 방문하다
면접하기 전에 당신은 장래의 고용주를 방문해서 접수원에게 제품 매뉴얼이나 홍보 자료를 달라고 할 수 있다.

돌보다
로봇 테디 베어는 일본에서 노년층들을 돌보기 위해 디지털 기술이 사용되고 있는 방법들 중 하나일 뿐이다.

수행하다
당신이 중요한 일을 수행해야 하는 것을 잊어버리지 않도록 확실히 하기 위해 모든 메뉴 품목들에 알람 장치가 포함되어 있습니다.

come across
Leaving the camping site behind, you will **come across** the old bridge on Colorado River.

come close to V-ing
When they won the contract, they **came close to** making a breakthrough in their business.

come to an end
We all agreed that this clearly illegal predatory business practice must **come to an end**.

account for
- By contrast, agriculture in rich countries typically **accounts for** less than 2 percent of the economy.
- I will **account for** the incident.

look over
Before you leave the dealership, take some time to **look over** your new car purchase and make sure you understand how to operate.

stand in for
She had to **stand in for** the chief editor while he was on overseas trip.

look into
A subcommittee will be organized to **look into** the matter, including things such as the hours necessary and the costs involved.

우연히 만나다
캠프장을 뒤로 하고 나면 콜로라도 강 위의 오래된 다리와 마주칠 것입니다.

거의 ~할 뻔하다
그들이 그 계약을 따냈을 때 그들의 사업에서 거의 돌파구를 마련할 뻔 했었다.

끝나다
우리는 모두 이 분명히 불법적 약탈적인 사업관행이 끝나야 한다는 데 동의했다.

〈비율을〉 차지하다; 설명하다
- 대조적으로 부유한 국가에서 농업은 전형적으로 경제의 2% 이하를 차지하고 있다.
- 내가 그 사건에 대해 설명하겠다.

~을 검토하다
영업소를 떠나기 전에 시간을 내서 당신의 신차 구매를 검토해 보고 작동법을 이해하는지 명확히 하십시오.

~을 대신하다
그녀는 편집장이 해외여행 중인 동안 그를 대신해야 했었다.

~을 조사하다
필요한 시간과 관련 비용 같은 것들을 포함해서 그 문제를 조사하기 위해 소위원회가 조직될 것이다.

go through
Most of the developed countries **went through** financial deregulation, more-or-less, around the 1980s.

come[go, put] into effect
The new version of campaign finance law will not **go into effect** until after the next election.

take into account
For practical purposes, social-economic factors should be **taken into account** as well.

put in for
Employees are advised to **put in for** the vacation days they want off at the beginning of the year for their own good.

check in
Any excess baggage which you wish to transport as air cargo must be handed in at least 24 hours before you **check in** for your flight.

look for
As courts are beginning to rule in favor of generic manufacturers, brand manufacturers are **looking for** alternatives.

~을 겪다
대부분의 선진국들은 1980년대 즈음에 다소간의 재정적인 규제완화를 겪었다.

시행되다
새로운 선거 자금법은 다음 선거후에야 시행될 것이다.

~을 고려하다
실제적인 목적을 위해, 사회-경제적인 요소들도 고려되어야 한다.

신청하다
직원들은 자신을 위해 연초에 빠지고 싶은 휴가 날짜들을 신청하는 것이 권고됩니다.

탑승수속하다; 〈호텔 등에〉 투숙 절차를 밟다
화물칸으로 우송하기를 원하는 과다한 수하물은 적어도 비행 탑승 수속 24시간 전에 제출되어야 합니다.

~을 찾다
법원이 상표 없는 제조업자들에게 호의적으로 판결을 내리기 시작하므로, 브랜드 제조업체들은 대안을 찾고 있다.

follow up (on)
The committee will **follow up** to increase the response rate and will select five committees to examine in detail this year.

wait on
This state-of-the-art software program will allow your staff to **wait on** customers at the table in much more effective way.

sign out
If you want to **sign out** a book or photocopied material in this room, please contact Linda and get her permission.

contract out to
The department should report on how much work it intends to **contract out to** the private sector.

do without
Due to insufficient funds, the residents were forced to **do without** proper personal care items and medications.

fill out
They are supposed to **fill out** the long and rather time-consuming surveys and mail them back.

get along with
It is very important to **get along with** your team-mates in order to fulfill the objectives of this project.

~에 대해 후속조치하다
위원회는 응답률을 높이기 위해 후속조치를 할 것이며, 올해에 세부적인 검진을 위해 5명의 위원들을 뽑을 것이다.

~을 시중들다
이 최신 소프트웨어 프로그램은 직원들이 훨씬 효과적인 방식으로 테이블에서 고객들을 시중들 수 있게 해 줄 것입니다.

서명하고 외출하다
이 방에서 책이나 복사물을 가지고 나가고 싶다면 Linda에게 알리고 그녀의 허락을 구하십시오.

~에게 하청을 주다
그 부서는 얼마나 많은 일을 사설 기업에 하청을 줄 것인지에 대해 보고해야 한다.

~없이 지내다
부족한 기금 때문에 그 주민들은 어쩔 수 없이 적절한 개인용품과 약품 없이 지내야 했었다.

〈서류 등을〉 작성하다
그들은 그 길고 시간이 많이 소비되는 설문서를 작성해서 다시 우편으로 보내야 한다.

~와 잘 지내다
이 프로젝트의 목적을 완수하기 위해서 팀 동료와 잘 지내는 것은 아주 중요하다.

get through
When you **get through** the entrance door, turn left immediately and continue along the floor and go up the stairs

give up
On our web site, you can discover health problems associated with smoking and effective herbal solutions to help **give up** smoking.

call for
The proposal is expected to **call for** those who are now insured through their employer to remain employed.

caution against
The signs must be used only to **caution against** unsafe work practices and potential hazards.

make up for
Every day you need about 2 liter of water to **make up for** the water you lose in sweating, breathing and urinating.

come about
Many home improvement disputes **come about** because the contractor promised more than he or she could deliver.

be accustomed to +동(명사)
The executives **are accustomed to** making investment decisions based on return on investment.

통과하다
입구 문을 통과하면 바로 왼쪽으로 돌아 그 층을 계속 따라가다 계단으로 올라가십시오.

포기하다
우리 홈페이지에서 당신은 흡연과 관련된 건강문제를 알 수 있고, 금연에 도움이 되는 효과적인 약초 비법들을 알 수 있다.

~를 돌보다
그 제안은 고용상태로 남아 있기 위해 고용주를 통해 현재 보험가입이 되어 있는 사람들을 돌보아 줄 것이다.

~에 주의하다
그 푯말들은 안전하지 못한 업무 실행과 잠재적인 위험에 대해 주의하는 데만 사용되어야 한다.

보충하다
매일 당신은 땀, 호흡 그리고 배설로 손실된 수분을 보충하기 위해 2리터의 물이 필요합니다.

발생하다
많은 집 개조분쟁은 계약업자가 자신이 할 수 있는 것보다 더 많은 것을 약속했기 때문에 발생한다.

~에 익숙하다
그 중역들은 투자에 대한 회수에 토대를 두고 투자 결정을 하는 데 익숙하다.

be running short of
You can refer to this guide book when you **are running short of** preparation time.

compared with
Compared with the old edition, the colors are more natural and the picture is sharper.

contrary to
Data show that **contrary to** public perceptions, immigrant families are less likely to receive welfare than citizen families.

at the latest
The contract partner should notify us in writing of any defects within 10 days **at the latest** after receipt of the delivered items.

in a timely manner
Election preparations should be conducted **in a timely manner** in order to meet election deadlines.

out of print
We are sorry that the books you ordered have become **out of print** and are extremely hard to find.

in excess of
The company is liable for any amount **in excess of** the original purchase price of the product due to any incidental damages.

~이 부족하다
준비시간이 부족할 때는 이 안내서를 참고할 수 있습니다.

~와 비교하여
구판과 비교해서, 색깔은 더 자연스럽고 영상은 더 섬세하다.

~와 반대로
자료에 의하면 대중의 인식과는 반대로, 이민자 가족들은 시민 가족들보다 복지혜택을 받을 가능성이 더 적다.

늦어도
계약 파트너는 배송된 물건의 수령 후 늦어도 10일 이내에 어떤 결점에 대해서면 상으로 우리에게 통보해 주어야 합니다.

시기적절하게
선거 준비는 선거 마감기한을 맞추기 위해 시기적절하게 실시되어야 합니다.

절판인
유감스럽게도 귀하가 주문하신 책들은 절판되었고 매우 찾기가 힘듭니다.

~을 초과하여
회사는 부수적인 손상으로 인한 제품의 원 구매가격을 초과하는 액수를 책임집니다.

at all times
We will continue to improve our maintenance procedures and system design in order to provide excellent services **at all times**.

in writing
Proposals to be considered at the general meeting should be submitted **in writing** to the president 14 days prior to the general meeting.

for free
It can be possible that some therapy will be offered **for free** if a client agrees to be part of a research study or a case study.

in advance
To get a full refund, you must notify us of the cancellation of participation 7 days **in advance**.

in bulk
If you want to purchase **in bulk**, send us an e-mail and we'll come up with a bulk discount for you before your purchase.

in time for
The new recreation center with modern equipment will be completed next year **in time for** the company's 50th anniversary.

항상
우리는 항상 우수한 서비스를 제공하기 위해 우리의 관리 절차와 시스템 디자인을 계속 개선할 것입니다.

서면으로
총회에서 고려될 제안들은 총회 14일 전에 회장에게 서면으로 제출되어야 합니다.

무료로
고객이 연구나 사례조사에 참여하는 데 동의한다면 어떤 치료법은 무료로 제공되는 것이 가능할 수도 있다.

미리
전액 환불을 받기 위해서는 7일 전에 저희에게 참가 취소를 통보하셔야 합니다.

대량으로
만약 대량으로 구매하기 원하신다면, 이메일을 보내주십시오. 그러면 우리가 구매 전에 귀하를 위한 대량구매 할인을 제시할 것입니다.

시간에 맞추어
현대적 설비를 갖춘 새 레크리에이션 센터가 회사 창립 50주년에 맞추어 내년에 완공될 것입니다.

in compliance with
The primary objective of the inspection program is to cause facilities to be and remain **in compliance with** the safety standards. .

in accordance with
In accordance with the survey results, more efforts need to be put into the internal audit review.

in combination with
The program shall be implemented through a framework of formal training **in combination with** personal consulting.

in conjunction with
The Council will hold a summer meeting and an annual program **in conjunction with** NAS's annual meeting.

in comparison with
Although the publication of the magazine has small circulation **in comparison with** its competitors, it is always sold out.

in observance of
Department of Education and public high schools will be closed on monday, January 16, 2006 **in observance of** Martin Luther King, Jr.

~에 따라, 순응하여
그 검사프로그램의 주목적은 시설물들이 안전 기준들에 부합하도록 유지시키는 것이다.

~에 따라서, ~대로
설문조사 결과에 따르면 내부 감사 평가에 더 많은 노력이 투입되어져야 한다.

~와 함께
그 프로그램은 개인 상담과 함께 정식 훈련을 통해 실시될 것입니다.

~와 함께
위원회는 NAS의 연례 회의와 함께 여름 총회와 연례 프로그램을 개최할 것입니다.

~와 비교해 볼 때
그 잡지의 출판은 경쟁업체들과 비교하면 발행부수가 적지만 항상 매진이 된다.

~을 기념하여, ~을 준수하여
마틴 루터 킹 주니어를 기념하여 2006년 1월 16일 월요일에 교육부와 공립 고등학교들은 문을 닫을 것입니다.

in place of
He is going to perform the auction **in place of** chairman of the board in the order arranged.

with regard to
With regard to the financial plan, there was a need for ongoing budget increase, and delays in the decision-making process.

in regard to
The Committee received a paper detailing proposals **in regard to** the quality enhancement strategy.

with the aim of
Information technology will be used in all contacts with the public, **with the aim of** expanding service and improving efficiency.

by accident
Any job-related injury can occur **by accident** in the course of employment.

in terms of
Although the organic system took longer to reach profitability, it ranked first **in terms of** environmental sustainability and profitability.

on behalf of
We coordinate an aggressive product review program **on behalf of** your company.

~대신에
그는 이전에 정해진 순서대로 위원회 의장을 대신하여 그 경매를 진행할 것입니다.

~에 관해서는
그 재정 계획에 관해서는 현 예산을 증대시키고 의사결정 과정을 지연시킬 필요가 있었다.

~에 관하여
위원회는 품질증대 전략에 관한 제안들을 자세히 묘사하는 한 서류를 받았다.

~을 위해서, ~할 목적으로
정보 기술은 서비스를 확대시키고 효율성을 개선하기 위해 대중과의 모든 접촉에서 사용될 것이다.

우연히
업무관련 부상은 고용 기간 동안 우연히 발생할 수 있다.

~의 견지에서, ~에 관하여
비록 그 유기농 시스템이 수익성에 도달하는 데 오래 걸렸지만 환경적인 지속성과 수익성의 견지에서 최고의 위치를 차지했다.

~을 대신하여, ~을 위해
우리는 귀사를 대신하여 적극적인 제품 검토 프로그램을 조정합니다.

regardless of
Everyone, **regardless of** their age, should be able to participate in the social activities of his or her choice.

by means of
All our endeavors are directed at the organization of the information streams **by means of** modern technologies.

apart from
If you would like to cancel your order for any reason, it can be done with no charge to you **apart from** the shipping charge.

aside from
Aside from its speed and accuracy, the robot also has the capability to monitor quality control.

for the time being
With a weak dollar expected to continue, the trend of won appreciation is forecast to continue **for the time being**.

along[together with]
You are cordially invited to attend the one-day seminar **together with** your family and friends.

as of + 날짜
This document is effective **as of** the date of print and supersedes all previous interpretations and guidelines.

~와는 상관없이
나이에 상관없이 모든 사람들은 자신이 선택하는 사회 활동에 참가할 수 있어야 한다.

~에 의하여
우리의 모든 노력은 현대적 기술들에 의한 정보 흐름의 조직에 맞추어져 있다.

~은 별도로 하고
만약 어떤 이유로 주문을 취소하고 싶으시다면, 배송비는 별도로 하고 어떤 청구 없이 가능합니다.

~이외에, ~은 별도로 하고
속도와 정확성 이외에 그 로봇은 또한 품질 관리를 모니터하는 능력을 가지고 있다.

당분간
달러약세가 계속될 것으로 기대되는 가운데, 원화 평가절상의 추세는 당분간 계속될 것으로 전망된다.

~와 더불어
당신의 친지들과 더불어 그 일일 세미나에 참석해 주실 것을 진심으로 초대합니다.

~일자로, ~일 현재로
이 서류는 인쇄날짜로 효력을 발생하며 모든 이전의 번역과 지침들을 대신한다.

hold out
After winning the election he **held out** the olive branch to the other candidates.

bring about
The government is very much mindful of the fact that a low corporate tax rate helps **bring about** greater economic vitality.

so to speak
The company has played the role of a 'central land bank', **so to speak**, by balancing the supply and demand for land and thereby stabilizing prices.

to begin with
The Agilent chairman said that **to begin with**, the design center would be very small, but would expand.

by accident
I think I am very privileged to have discovered almost **by accident** that I enjoy business, working with people and customers, and enjoy training, teaching and coaching.

in particular
In particular, expanding the scope of market function may trigger a counteraction from relevant interest groups and stake holders.

제공하다; 제안하다
선거에 이기자 그는 다른 후보들에게 화해를 제의했다

발생하게 하다(초래하다)
정부는 법인세율을 낮추면 경제 활력을 북돋는 데 도움이 될 것이라는 점을 아주 잘 알고 있다.

말하자면
회사는 토지의 공급과 수요를 조정함으로써 가격을 안정시키는 말하자면 '토지 중앙은행' 구실을 해 왔다.

우선
Agilent의 회장은 먼저 디자인센터가 너무 작지만 확장될 것이라고 말했다.

우연히
나는 거의 우연히 내가 직원과 고객들과 함께 일하는 비즈니스를 즐기며 연수, 교육, 감독 업무도 좋아한다는 사실을 발견할 특혜를 누렸다고 본다.

특히
특히 시장기능의 범위를 확대하면 관련 이해단체나 이해관련인의 반발을 불러일으킬 수 있다.

responding to
Local brewers are quickly **responding to** the growing popularity.

well below
The deep freeze is not likely to let up during the daytime as highs nationwide are forecast to be **well below** zero.

it goes without saying that
It goes without saying that if a policy is to gain credibility, it needs consistency and predictability.

it is time that
It is time that we were going to work.

it is no use -ing
It's no use hurrying him.

both A and B[not only A but also B]
Every five years we have our offices redecorated **both** inside **and** outside.

no sooner A than B
No sooner had he arrived at the airport **than** the flight left.

such[so] ~ that
His speech went on for **so** long **that** people began to fall asleep.

~에 반응하여
국내 맥주회사들은 이와 같은 인기도에 재빠르게 대처하고 있다.

훨씬 낮은
전국적으로 최고기온이 영하로 예상되고 있어 강추위는 오후가 되어서도 풀리지 않을 것 같다.

~은 말할 필요도 없다
정책이 신뢰를 얻기 위해서는 일관성이 있고 예측이 가능해야 함은 말할 필요도 없다.

~할 때이다
이제 우리가 일할 시간입니다.

~은 소용이 없다
그 사람은 재촉해도 소용없다.

A뿐만 아니라 B도
우리는 5년마다 사무실 내·외부를 다시 단장한다.

A하자마자 B하다
그가 공항에 도착하자마자 비행기가 떠났다.

너무 ~해서 …하다
그의 연설이 너무 오랫동안 계속되자 사람들이 졸기 시작했다.

명사

access [ǽkses] 접근, 출입
Billions of people worldwide have **access** to the World Wide Web.
수십억 명의 사람들이 전 세계적으로 인터넷을 사용하고 있다.

approach AM [əpróutʃ] BR [əpréutʃ] 접근
By developing new management **approaches**, we will be able to make our project successful.
새로운 운영 방법을 개발함으로써, 우리는 프로젝트를 성공시킬 수 있을 것이다.

|해 설| access는 셀 수 없는 명사로 주로 동사 have와 함께 have access to의 형태로 쓰이며, approach는 셀 수 있는 명사로 단수일 때는 부정관사 an과 함께 쓰이거나 복수형으로 써야 한다. approach 역시 접근에 대한 대상 앞에 전치사 to를 써서 approach to의 형태로 사용된다.

choice [tʃɔis] 선택, 선택권
You have the **choice** between resignation and dismissal.
사직을 하든지 해고를 당하든지 당신에게 선택권이 있습니다.

option AM [ɑ́pʃn] BR [ɔ́pʃn] 선택권
Students in our school have the **option** of taking German, French, or Chinese.
우리 학교 학생들은 독일어, 프랑스어 또는 중국어 중 하나를 선택할 수 있다.

유사 의미어

|해 설| choice는 일반적으로 여러 가지 대상들 중에서 선택할 수 있는 권한이나 기회를 말하며 또한 선택할 수 있는 대상이나 사람의 범위를 말하기도 한다. TOEIC에서 choice는 가장 선호한다(the best or most preferable part)로 쓰이며, choice between(of)의 형태로 자주 나온다. option은 어떤 대상을 선택하는 의미로 특정한 상황 속(in a particular situation)에서 선택하는 것을 말하는데 choice처럼 가장 선호한다는 뉘앙스는 없다.

fare AM[fer] BR[feə(r)] 요금
What is the fare from Seoul to Busan?
서울에서 부산까지의 요금이 얼마입니까?

price [prais] 가격
The price of oil is set to rise again.
기름값이 다시 올라가고 있다.

charge AM[tʃɑːrdʒ] BR[tʃɑːdʒ] 요금
If you pay in advance, you won't face a delivery charge.
선불로 지불하시면, 배달료는 청구하지 않습니다.

fine [fain] 벌금
Offenders are liable to fines up to $1,000.
위반자는 1,000달러까지의 벌금이 부과될 수 있다.

|해 설| fare는 버스나 기차, 비행기 등을 이용하기 위해서 지불하는 것으로 '교통요금(운임)' 정도의 의미를 가지고 있으며, price는 어떤 물건을 구입하기 위해서 지불해야 하는 돈으로 '물건 가격'의 의미로 쓰인다. charge는 특정한 서비스에 대한 대가로 지불되는 것으로 '수수료'라는 의미로 쓰이며,

fine은 법규 위반에 따른 처벌로써 지불하는 돈으로 '벌금'이라는 의미로 사용된다.

goods [gudz] 상품, 제품
If the **goods** you received are unsatisfactory, we will give you a full refund.
받으신 상품이 마음에 들지 않으시면 전액 환불해 드리겠습니다.

item [áitəm] 품목, 상품
Fragile **items** have to be adequately wrapped to prevent breakage.
깨지기 쉬운 품목들은 파손을 막기 위해 적절히 포장되어야 한다.

product AM [prá:dəkt] BR [prɔ́dəkt] 상품, 제품
Samples of our paper **products** are avaliable upon request.
저희 종이 제품의 견본은 요청하시는 즉시 보실 수 있습니다.

|해 설| '좋은, 훌륭한' 이란 뜻의 형용사 good에 -s가 붙게 되면 '판매를 위해 만들어진 것'을 뜻해서 '상품, 제품' 이라는 의미가 된다. electrical, industrial, agricultural 등의 형용사와 어울려서 여러 가지 종류의 상품이나 제품의 종류를 나타낸다. item은 특정한 목록이나 그룹에 속해 있는 것 중에 하나로 신문의 기사를 나타낼 때도 사용한다. product는 goods와 유사하지만 '생산 되는 과정'에 보다 초점이 맞춰진 공장에서 대량으로 만들어진 물건을 나타낸다

majority AM [mədʒɔ́:rəti] BR [mədʒɔ́rəti] 대다수, 대부분
The **majority** of our office employees had university

degrees.

대다수의 우리 사무직 직원들은 대학 졸업장을 가지고 있었다.

most AM[moust] BR[məust] 대부분

Most of the readers of this magazine are young women.

이 잡지의 독자들은 대부분 젊은 여성들이다.

|해 설| **majority**는 어떤 대상의 모임이나 그룹의 대다수를 나타내는 것으로 주로 **majority of**의 형태를 취하거나 **great, vast, overwhelming**의 수식을 받는 것으로 출제되었다. **most**도 의미상으로는 **majority**와 같지만 대명사의 기능으로 「**most of**+복수명사(불가산명사)」의 구조로 사용된다. 형용사로 명사를 앞에서 수식하는 형태로도 쓰인다. 철자가 비슷한 **almost**는 부사로 「**almost all**+복수명사(불가산명사)」의 형태로 사용된다.

value[vǽljuː] 가치

Our boss always emphasizes the **value** of employee training.

우리 사장님께서는 언제나 직원교육의 가치를 강조하십니다.

worth AM[wəːrθ] BR[wəːθ] 가치

This furniture is two hundred dollars' **worth**.

이 가구는 2백 달러의 가치가 있다.

|해 설| **value**는 불가산명사와 가산명사 둘 다로 사용되며, 어떤 대상의 가치의 양을 나타내어 지불된 돈에 대한 가치를 말할 때 사용한다. 지불된 돈에 비해서 좋은 가치를 가질 때는 **good value**라고 하고, 반대적인 개념은 **poor** value라고 한다. **worth**는 불가산명사로 금전적인 가치를 나타내는데 액수를 나타내는 표현과 함께 예를 들면, **ten dollars worth**나 「가격+**worth of sth**」으로 쓴다.

advantage AM[ədvǽntidʒ] BR[ədváːntidʒ] 이점, 장점
Mr. Miller's IT expertise can be used to our **advantage**.
우리는 Miller씨의 정보기술 관련 전문 지식을 우리에게 유용하게 이용할 수 있다.

benefit [bénəfit] 이익, 유익
The discovery of oil **brought** many benefits to the country.
석유의 발견은 그 나라에 많은 이익을 가져다 주었다.

|해 설| advantage는 어떤 일을 쉽게 달성할 수 있도록 도움을 주고 있는 유용한 상황이나 능력에서 얻을 수 있는 이점을 말하며 시험에서는 동사 take와 함께 쓰여서 **take advantage of**(~을 이용하다)라는 표현으로 자주 쓰인다. benefit은 어떤 대상으로부터 얻을 수 있는 이점, 도움, 혜택 등을 말하며 '수당'이라는 의미와 정부에서 제공되는 연금(실직 등)의 의미로도 쓰인다.

aim [eim] 목적, 목표
The government's main **aim** of this year is to beat inflation.
올해 정부의 주된 목표는 인플레이션을 잡는 것이다.

purpose AM[pə́ːrpəs] BR[pə́ːpəs] 목적, 목표
The **purpose** of the event is to raise funds for the flood victims.
행사의 목적은 수재민들을 위한 기금을 모으는 것이다.

|해 설| aim은 goal과 같이 이루고자 하는 목표를 의미하며, aim of나, 「with the aim of sth」의 형태로 자주 사용된다. purpose도 aim과 같은 의미로 purpose of, the purpose of doing sth, for(with) the

purpose of 의 형태로 사용된다.

alternative AM[ɔːltɚ́ːrnətiv] BR[ɔːltɛ́ːnətiv] 대안
We have no other **alternative** but to postpone the sales meeting.

우리는 영업 회의를 연기하는 수밖에 없습니다.

replacement [ripléismənt] 교체, 대체
We are unable to repair the machine and will instead provide a **replacement**.

그 기계를 수리할 수 없어서 대신 다른 것으로 교체해 드리겠습니다.

|해 설| alternative는 기존에 가지고 있던 것 대신에 취할 수 있거나 대신 선택할 수 있는 것을 나타내며 '대안'이라는 의미로 뒤에 전치사 to를 동반한다. replacement는 다른 것과 교체되는 물건이나 사람을 의미하며 기존에 가지고 있던 것보다 더 새롭고 더 좋은 것을 나타내기도 한다. replacement는 전치사 for와 어울려 사용된다.

attention [ətén∫ən] 주의, 유의
I hope that you will give this matter your immediate **attention**.

귀사에서 이 문제에 대해 즉시 조치해 주시길 바랍니다.

concentration AM[kɑ̀ːnsntréi∫n] BR[kɔ̀nsntréi∫n] 집중, 전념
He lost **concentration** for a moment and slipped.

그는 잠시 집중력을 잃고 미끄러졌다.

|해 설| attention은 '주의, 유의'라는 의미로 어떤 사람이나 사물에 대해

서 주의 깊게 생각하고, 살펴보고 듣는 것을 나타낸다. 일반적으로 연구, 학습 등의 내용에 대한 주의를 말하며 전치사 to나 on과 함께 사용된다. concentration은 어떤 것에 대해 오랜 시간 동안 매우 깊게 생각하는 능력을 말하는 것으로 집중하는 상태를 더 강조하는 말로 전치사 on과 함께 사용된다.

authority AM[əθɔ́:rəti] BR[ɔːθɔ́:rəti] 권한
Teachers will have broader **authority** and responsibilities than before.
교사들은 전보다 더 많은 권한과 책임을 갖게 될 것입니다.

authorities AM[əθɔ́:rətiz] BR[ɔːθɔ́:rətiz] 당국, 공공사업 기관
The company has to get the export license from the government **authorities**.
그 회사는 정부 당국으로부터 수출허가서를 받아야 합니다.

authorization AM[ɔ̀:θərəzéiʃn] BR[ɔ̀:θəraizéiʃn] 위임
If you want to apply to reopen the account, we need to obtain your verbal **authorization**.
계좌의 재개설 신청을 원하시면 귀하의 구두 승인을 얻어야 합니다.

authorship AM[ɔ́:θərʃip] BR[ɔ́:θəʃip] 원작자, 저작자임
The **authorship** of the novel is not known.
이 소설의 원작자는 알려져 있지 않다.

|해 설| authority는 특정한 지위에서 가질 수 있는 명령의 권한이나 허가를 할 수 있는 능력을 나타내며 authority over, authority to do 등의 형태로 쓰인다. authority에서 복수형인 authorities는 특정한 나라 지역을 담당하는 기관을 뜻한다. authorization은 어떤 일을 하는 것에 대한 공식적인 허가(permission)의 의미로 쓰인다. authorship은 책과 같은

서적(출판물)의 저자라는 사실을 말하는 것으로 '원작자, 저작자임'이라는 의미이다.

damage [dǽmidʒ] 피해, 손해
The storm caused much **damage** to the crops.
그 폭풍은 농작물에 많은 피해를 입혔다.

hurt AM [hɛːrt] BR [hɛt] 정신적 고통, 상처
Jane tried to protect her children from **hurt**.
제인은 그녀의 아이들을 부상으로부터 보호하려고 노력했다.

pain [pein] 아픔, 고통
This medicine will reduce your **pain**.
이 약이 당신의 고통을 덜어 줄 것입니다.

|해 설| damage는 어떤 것에 행해진 물리적 손상이나 신체의 일부분이 부러지거나 상처를 입은 것을 나타내며 damage to의 형태로 사용된다. hurt는 감정적이거나 정신적인 고통, 상처를 의미한다. pain은 몸의 일부분이 아프다는 것을 느끼는 것을 뜻하며, 슬프거나 화가 난 것을 느끼는 감정을 나타내는 의미로도 사용되며 pain in의 구조로 많이 쓰인다.

change [tʃeindʒ] 변화
There was a **change** in our new project plan.
우리의 신규 프로젝트 계획에 변화가 있었다.

exchange [ikstʃéindʒ] 교환
Mr. Wade taught me English in **exchange** for my service.
Wade씨는 내가 일해 주는 대신 내게 영어를 가르쳐 주었다.

|해 설| change는 어떤 사물이나 사람이 다른 것으로 되는 과정이나 그 결과로 이루어진 것을 나타내어 '변화'라는 의미이고 change in(of)의 형태로 쓰인다. exchange는 서로 간에 어떤 물건을 주고받는 행위를 나타내며 in exchange for의 형태로 많이 사용된다.

figure AM[fígjər] BR[fígə(r)] 수치

The sales **figures** were brought to the board of directors.

그 판매수치는 이사회로 보내졌다.

score [skɔː(r)] 점수

Her TOEIC **score** was above average.

그녀의 토익 점수는 평균 이상이었다.

foundation [faundéiʃn] 기초, 근간, 창립

Our new technology will be the **foundation** for the new products to be released this winter.

우리의 신기술은 겨울에 출시될 예정인 신제품들의 기반이 될 것입니다.

establishment [istǽbliʃmənt] 설립

Yesterday marked the 50th commemoration of the **establishment** of our university.

우리 대학교는 어제 개교 50주년 기념식을 가졌다.

|해 설| figure에는 양을 나타내는 공식적인 수를 뜻하여 '수치'라는 의미이다. sales figures(판매(영업) 수치)라는 표현이 TOEIC에서 자주 출제된다. 또한 figures의 형태가 되면 '유명 인사'라는 의미이기도 한다. score는 주로 게임이나 경기, 시험 등에서 얻은 득점으로 '점수'라는 의미이다.

material [mətíəriəl] 재료

Processing the raw materials takes a long time.
원자재를 가공하는 일에 시간이 많이 걸립니다.

ingredient [ingrí:diənt] (음식)재료

The label on the packet indicated all the ingredients in the cookie.
포장에 붙은 라벨에 쿠키의 모든 재료가 표시되어 있었다.

|해 설| material은 나무나 플라스틱, 쇠와 같이 실제적으로 보이는 일반적인 물질이나 옷을 만들기 위한 원단, 책을 만들기 위해 사용된 '정보'를 뜻한다. ingredient는 음식을 만들 때 들어가는 '음식 재료'를 나타낸다.

reminder [rimáində(r)] 생각나게 하는 것(메모)

This is our final reminder requesting payment.
이 독촉장은 대금 지불을 요청하는 마지막 통지입니다.

remainder [riméində(r)] 나머지, 잔여

Our top priority for the remainder of this month is revenue growth.
이번 달 남은 기간 동안 우리의 최우선 목표는 수익 증대이다.

recollection [rèkəlékʃən] 추억, 회상

One of my earliest recollections is a visit to New York when I was five.
내 가장 어린 시절에 대한 기억들 중 한 가지는 내가 다섯 살 때 뉴욕에 간 것이다.

remembrance [rimémbrəns] 회상, 추억

A church service was held in remembrance of those killed in the accident.
사고로 죽은 이들을 추도하는 예배가 거행되었다.

|해 설| '~을 생각나게 하다'라는 의미의 동사 remind에서 파생된 명사 reminder는 어떤 행동을 하기 위해 '생각이 나도록 하는 것, 상기 시켜주는 것'의 의미이다. 동사 remind는 「remind of」, 「remind that ~」의 형태로 쓰인다. remainder는 사용하고 남은 것을 가리키는 것으로 '나머지, 잔여'라는 의미이다. recollection은 어떤 것을 기억하는 행위 자체를 의미하며, remembrance는 지나간 일에 대해 기억하고 기념하는 행위로 「in remembrance of sth」의 구조로 많이 쓰인다.

reproduction [rìːprədʌ́kʃn] 복사, 복제
Reproduction of this book without written consent of the publisher is illegal.

출판사의 서면 동의 없이 이 책을 복사하는 것은 불법이다.

duplicate AM[dúːplikeit] BR[djúːplikeit] 사본
I need three copies for the L/C application, in addition to the original in **duplicate**.

원본 2장 이외에 신용장 신청용으로 사본이 3장 필요합니다.

|해 설| reproduction은 책이나 그림 등 저작물을 복사하는 행위를 나타내는 말로 '복사, 복제'의 의미이다. duplicate는 일반적으로 같은 목적을 위해 보관하는 문서나 서류 등을 복사하는 것으로 보통 서류 제출 요령에 많이 등장하며 in duplicate(사본을 포함하여 두 부로)라는 표현으로 쓰인다.

corrosion AM[kəróuʒn] BR[kəróuʒn] 부식
Thanks to the development of science and technology, the **corrosion** of metal has almost disappeared.

과학 기술의 발전으로 인해 금속의 부식이 거의 사라졌다.

erosion AM[iróuʒn] BR[iróuʒn] 침식

Seaside **erosion** comes mostly from rain and wind or waves.

해안 침식은 주로 비바람이나 파도에 의해 생긴다.

|해 설| corrosion은 공기나 물에 의한 결과로서 금속 물질 등에 녹이 쓰는 부식 등을 의미하고, erosion은 바람이나 물에 의해서 바위(돌) 등이 조금씩 깎여 나가는 이른바 침식을 의미한다.

동사

anticipate[æntísəpèit] 예상하다, 예측하다
Analysts **anticipated** substantial revenue from the international market.

분석가들은 국제 시장에서 상당한 수익을 올릴 것을 예상했다.

expect[ikspékt] 기대하다, 예상하다
The supervisor **expected** to install the new computer by the end of this month.

그 감독관은 이 달 말까지 새 컴퓨터가 설치될 것으로 예상했다.

|해 설| expect에는 계획되어져 있거나 일어날 가능성이 있는 것에 대한 예상의 세부적인 의미가 담겨 있다. 「expect to do sth」과 「sth is to be expected」, 「be expected to do」, 「Expectation is that」의 패턴이 자주 사용된다. anticipate는 「anticipate doing sth」으로 사용되며 problems나 difficulties 등을 목적어로 취해서 주로 부정적인 내용을 나타내기도 한다. 또한 expect와는 달리 anticipate는 to 부정사를 취할 수 없고 명사를 목적어로 취하는 문제가 출제된다.

affect [əfékt] 영향을 주다
We have to solve all possible errors which could **affect** the functioning of our system.
우리는 시스템의 기능에 영향을 줄 수 있는 모든 가능성 있는 오류를 해결해야만 한다.

effect [ifékt] 초래하다, 변화를 가져오다
A wide variety of new rules will **effect** most employees.
다양한 새 규칙이 대부분의 직원들에게 변화를 가져올 것이다.

|해 설| affect는 stock price(주가), look, consumers confidence(소비자 확인), election(선거) 등의 목적어를 바로 취하는 타동사의 용법으로 자주 등장하며, effect는 동사보다는 go(come) into effect, take effect (효력을 발생하다)나 be in effect(유효하다)처럼 명사 용법으로 TOEIC에 더 자주 출제된다. 가장 최근에는 put into effect(효력을 발생하다)가 출제된 바 있다. 형용사인 **effective**(효과적인)나 부사인 **effectively**(효과적으로)도 사용빈도가 아주 높은 어휘이다.

lend [lend] 빌려주다
The library will **lend** hardcover books to students for a week at no extra charge.
도서관은 1주일 동안 추가 비용 없이 하드커버 책을 학생들에게 대여해 줄 것이다.

borrow AM[bɔ́:rou] BR[bɔ́rəu] 〈돈을〉 빌리다, 〈물건을〉 빌리다
All employees can **borrow** money from their retirement account.
모든 직원들은 그들의 은퇴 계좌에서 돈을 빌릴 수 있다.

rent [rent] 빌리다
Most guests **rented** their backpacks from the hostel

office.
대부분의 손님들은 숙박 사무소에서 배낭을 빌렸다.

|해 설| 이 세 어휘는 의미의 중심이 되는 '빌리는' 행동의 주체가 누구인지를 명확히 이해하고 있어야 한다. lend는 빌려주는 주체가 되어서 「lend sth to sb」, 「lend sb sth」의 형태로 '~에게 …을 빌려주다'라는 의미이며, lend a hand(누구를 돕다)라는 표현도 있다. borrow와 rent는 빌려주는 주체가 아닌 빌리는 대상이 되는 것으로 '~을 누구로부터 빌리다'라는 의미로 「borrow sth from sb」과 「rent sth from sb」의 형태로 사용된다.

talk[tɔːk] 이야기하다
I'd like to **talk** to my supervisor about this matter.
이 문제에 관해서 제 상사와 이야기하고 싶습니다.

speak[spiːk] 이야기하다, 말하다
If you are not satisfied with our product, please **speak** with our customer representative.
저희 제품에 만족하시지 못하신다면, 저희 고객 담당자와 이야기하십시오.

say[sei] 말하다, 표현하다
Some employees **say** that they would prefer more vacation time to a pay raise.
어떤 직원들은 임금인상보다 휴가시간을 더 많이 갖는 것을 선호한다고 말한다.

tell[tel] 정보를 주다, 말하다
The marketing director **told** me to make a presentation at the next meeting.
마케팅 이사가 내게 다음 회의 때 프레젠테이션을 하라고 말했다.

express[iksprés] 〈감정, 생각 등을〉 표현하다
A lot of buyers have **expressed** an interest in our new

product.

많은 바이어들이 우리의 신상품에 관심을 표명했다.

|해 설| talk와 speak는 자동사로 주로 전치사 to, with, about 등과 함께 쓰이며 to, with 다음에는 사람 목적어가, about 다음에는 사물 목적어가 뒤따라 나온다. say는 말의 내용에 초점을 맞춘 동사로 「say to sb that ~」,「say sth to sb」, 「say to do sth」의 구조로 사용된다. tell은 「tell sb that」, 「tell sb (about) sth」의 구조로 사람 목적어를 바로 취한다. express는 바로 목적어를 취해서 「express sth」의 형태로 사용된다.

assume [əsjúːm] 〈일을〉 떠맡다, 시작하다; 추정하다, 추측하다
Mr. Baker will **assume** his new responsibilities next week.

Baker 씨는 다음 주에 새로운 책임을 맡게 될 것이다.

assure AM [əʃúr] BR [əʃúə(r)] 확실하게 하다, 확신시키다
We are sorry for the error and we **assure** you that it won t happen again.

착오에 대해 사과드립니다. 앞으로 다시 이런 일이 없도록 하겠습니다.

|해 설| assume에는 정확한 증거가 없고, 확실하지는 않지만 어떤 대상이 진실하다고 생각하는 것을 뜻한다. 「assume that ~」의 구조로 많이 사용된다. assure는 어떤 일이 확실하게 일어날 것이며, 진실하다고 누군가에 말하는 것을 의미하며, 「assure sb that ~」, 「assure sb of sth」으로 말하는 대상이 목적어로 바로 나온다.

causei [kɔːz] ~의 원인이 되다
Excessive overtime work **caused** some employees to

quit their job.

과도한 초과근무로 몇 명의 직원들이 그만뒀다.

lead [liːd] 원인이 되다
The careless use of this lubricant may **lead** to serious accidents.

이 윤활유를 부주의하게 사용하면 심각한 사고로 이어질 수 있다.

result [rizʌ́lt] ~의 결과로 생기다(일어나다)
False information given in this job application may **result** in dismissal.

이 구직 지원서에 잘못된 정보가 있으면 해고 사유가 될 수 있다.

|해 설| cause는 타동사로 「cause sth for sb」이나, cause concern과 같이 목적어를 바로 취한다. lead는 lead to의 구문으로 쓰이는데 대상이 어떤 행동을 하게 하다는 내용일 때는 「lead sb into sth」, 「lead sb to do sth」, 「lead to sb doing sth」의 구조를 취하게 된다. 마지막으로 result는 「result from sth」, 「result in sth」의 구조로 사용된다.

compensate AM[kámpənsèit] BR[kɔ́mpensèit] 보상하다, 변상하다
How will you **compensate** me for this damage?

제가 입은 피해를 어떻게 보상해 주실 거죠?

reimburse AM[rìːimbə́ːrs] BR[rìːimbə́ːs] 갚다, 변상하다
We **reimburse** passengers for any loss or damage during the flight.

저희는 승객 여러분께 비행 중에 생긴 어떤 손실이나 손상도 배상해 드립니다.

reward AM[riwɔ́ːrd] BR[riwɔ́ːd] 보답하다, 보상하다
Ms. Smith was **rewarded** for working hard with a pay increase.

Smith 씨는 열심히 일한 대가로 급여가 인상되었다.

|해 설| compensate는 자동사로 쓰일 때는 compensate for의 형태로 쓰이며 타동사로 쓰일 때는 「compensate sb for sth」의 구조를 취하며, 주로 좋지 않은 상황이 일어난 것에 대한 보상을 할 때 사용된다. reimburse는 compensate와 같이 「reimburse sb for sth」의 구조를 취하는데 보험금이나 보상금을 지불할 때 또는 용무로 사용한 지출 비용을 회사에서 지불해 줄 때 사용한다. 다시 말해서 보통 돈을 미리 사용하고 그 다음에 그것에 대한 돈을 되돌려 받는 것을 의미한다. reward는 좋은 일이나 도움에 감사함을 표시하기 위해 하는 행위로 「reward sb with sth」, 「reward sb for (doing) sth」의 구조로 사용된다.

comply [kəmplái] 준수하다, 따르다
We designated parking spaces for the disabled to **comply** with the federal laws.
우리는 연방법을 따르기 위해서 장애인을 위한 주차공간을 지정했다.

observe AM [əbzə́ːrv] BR [əbzə́ːv] 준수하다, 지키다
All of us must **observe** the traffic rules in order to avoid the accident.
우리 모두는 사고를 피하기 위해서 교통 법규를 지켜야 한다.

|해 설| comply는 자동사로 전치사 with와 함께 쓰여서 comply with로 사용되는데 with 다음에는 code, federal law, practices, regulation 등의 명사를 목적어로 취한다. observe는 '관찰하다, 감시하다' 라는 의미도 있지만 '준수하다, 따르다' 라는 의미도 있다. comply와 다른 점이 있다면 바로 목적어를 바로 취하는 타동사라는 점이다.

condense [kəndéns] 줄이다, 요약하다
Mr. Jones tried to **condense** ten pages of comments into three.

Jones씨는 10페이지에 달하는 주석을 3페이지로 요약하려고 했다.

minimize [mínəmàiz] 줄이다, 감소하다
It will help **minimize** the number of people who lost their jobs.

그것은 일자리를 잃은 사람들의 수를 최소화하는 데 도움이 된다.

contract [kάntrækt] 축소하다
The steel **contracts** as it cools.

강철은 냉각되면 수축한다.

decrease [díːkriːs] 줄이다
This drug can **decrease** blood pressure and damage your heart.

이 약물은 혈압을 낮출 수도 있고, 당신의 심장에 해를 끼칠 수도 있습니다.

|해 설| condense는 가스를 압축해서 액체로 만든다는 의미 외에도 말이나 글의 내용을 줄이는 것을 말하며, 일반적으로 「condense sth into sth」의 구조로 사용된다. minimize는 양이나 수를 최소화한다는 뜻이다. contract는 어떤 물질이 수축되어서 모양이 작게 되는 것을 의미하며, decrease는 정도, 수량, 강도를 줄인다는 말로 주로 전치사 in과 함께 쓰인다.

contact AM [kάːntækt] BR [kɔ́ntækt] 연락하다
Whoever wants to participate in the program should **contact** Mrs. Ferguson.

누구든 그 프로그램에 참가하고 싶은 사람은 Ferguson씨에게 연락하세요.

connect [kənékt] 연결하다
Could you connect me to extension number 208?
내선번호 208번으로 좀 돌려주시겠습니까?

|해 설| contact는 전화를 한다거나 편지를 쓰는 등 연락하는 행위로 누군가와 대화하는 것을 말하는 타동사이다. connect는 두 사람이나 사물이 어떤 대상에 관련되어 있거나 연결되는 것을 의미하며 '결합하다, 합류하다'의 의미일 때는 「connect sth to/with sth」의 구조로 많이 쓰이며 '사람이나 대상이 관련이 되다'라는 의미로 쓰일 때는 「connect A with B」의 구조로 사용된다.

display [displéi] 전시하다, 나타내다
Umbrellas have been displayed for sale.
우산들이 판매를 위해 진열되어 있다.

demonstrate [démənstrèit] 설명하다, 증명하다
One of our sales representatives will demonstrate how to use the machine.
저희 판매직원 중 한 명이 그 기계를 사용하는 법을 보여드릴 것입니다.

|해 설| display는 어떤 대상을 한 장소에 놓고 사람들이 쉽게 볼 수 있도록 '진열'하는 것을 가리키며, demonstrate는 사람들이 이해하기 쉽도록 어떤 대상을 가지고 어떻게 작동하는지, 어떤 기능들을 가지고 있는지 '설명'하는 의미이다.

divide [diváid] 나누다, 쪼개다, 분할하다
The movable screens divide our office into working areas.

이동식 칸막이가 우리 사무실을 여러 작업 공간으로 나눈다.

separate [sépərèit] 나누다, 분리하다
We can **separate** the new employees into three distinct types.
우리는 신입사원들을 세 개의 별개 유형으로 나눌 수 있다.

cut [kʌt] 깎다, 〈비용을〉 줄이다
The cook **cut** the pie into eight equal sections.
요리사는 파이를 여덟 조각으로 똑같이 잘랐다.

|해 설| divide는 집합체를 두 가지 이상으로 분할, 분배하기 위해 나누는 것을 말하며 divide into나 「divide A into B」의 구조를 취하게 된다. separate는 서로 붙어있거나 엉켜있는 것을 하나하나 떼어놓는 것을 의미한다. '독립하다, 별거하다' 라는 의미도 있다. separate from, 「separate sth into sth」의 구조를 취한다. cut은 어떤 대상의 '양을 줄이다' 라는 의미와 칼이나, 가위 등의 도구를 사용해서 주요 부분에서 어떤 대상을 분리하다는 의미이다.

enclose AM [inklóuz] BR [inklóuz] 둘러싸다, 에워싸다
I **enclose** my resume for your review.
제 이력서를 검토해 보시도록 동봉해 드립니다.

encase [inkéis] 넣다, 싸다
We can use plastic wrap and tape to **encase** the items.
우리는 물건들을 싸기 위해 비닐 랩과 테이프를 사용합니다.

encircle AM [insə́:rkl] BR [insə́:kl] 에워싸다, 둘러싸다
The police **encircled** the demonstrators.
경찰이 시위대를 포위했다.

|해 설| enclose는 편지 같은 것을 봉투 안에 집어넣는 것이나, 담, 울타리, 벽 같은 것으로 둘러 싸여 분리되는 것을 뜻한다. encase는 어떤 대상을 완벽하게 둘러싸고 덮는 것으로 완전히 밀봉한다는 의미이다. 「encase sth in sth」의 구조로 많이 사용된다. encircle은 사람이나 사물을 둥글게 에워싸는 행위 자체에 중점을 둔다.

adhere AM[ədhír] BR[ədhíə(r)] 고수하다, 집착하다
Both parties must **adhere** strictly to international law.
양 당사자는 국제법을 철저히 준수해야 한다.

insist[insíst] 주장하다
The CEO **insisted** that the broken system be redesigned without regard to cost.
그 최고 경영자는 비용에 관계없이 고장 난 시스템을 재설계해야 한다고 주장했다.

|해 설| adhere는 어떤 규칙이나 협의의 내용에 따르는 행동에 전념하거나 지지하는 것을 나타내며 뒤에 전치사 to와 함께 쓰인다. insist는 어떤 내용이나 어떤 일을 하겠다고 강력하게 말하거나 주장할 때 쓰이며 insist on이나 「insist that ~」의 형태로 사용된다.

follow AM[fá:lou] BR[fɔ́ləu] 쫓다, 따라가다, ~뒤에 일어나다
Please **follow** the instructions when you use this copy machine.
이 복사기를 사용할 때는 설명서를 따르십시오.

precede[pri:sí:d] 선행하다, 앞서다
The CEO entered, **preceded** by members of the security staff.

경호원들을 앞세우고 최고 경영자가 입장했다.

|해 설| **follow**는 위치상으로 뒤를 따라서 걷거나, 운전하거나, 이동하는 것을 나타내며 「follow sb into/to etc sth」의 구조로 사용되며, **precede**는 어떤 일이 있기 전에 먼저 일어나는 행동이나 어떤 일이 발생하는 것을 말한다.

rise [raiz] 증가하다
Interest rates are expected to **rise** next year.
내년에는 이자율이 오를 것으로 예상된다.

raise [reiz] 올리다, 증가하다
We need to **raise** next month's production by twenty percent.
우리는 다음 달 생산량을 20% 증가시킬 필요가 있다.

|해 설| **rise**와 **raise**의 가장 큰 차이점은 자동사와 타동사라는 점이다. **rise**는 〈rise - rose - risen〉의 형태 변화를 하며, by, from, to, above 등의 전치사와 함께 쓰인다. 타동사인 **raise**는 〈raise - raised - raised〉의 형태 변화를 하며, 올리게 되는 대상을 바로 목적어로 취하며 question, awareness 등의 명사와 어울려서 쓰인다.

raise [reiz] 올리다, 증가하다
Businesses usually **raise** salaries to attract employees.
사업가들은 보통 직원들의 관심을 끌기 위해 월급을 인상한다.

grow AM [grou] BR [grəu] 자라다, 증가하다
The city library's collection of books has **grown** quickly in recent years.

유사 의미어 **403**

시립 도서관의 장서가 최근 몇 년간 급격히 증가했다.

lift [lift] 들어 올리다
This box is too heavy for you to lift by yourself.
이 상자는 너무 무거워서 자네 혼자 힘으로는 들어 올릴 수 없어.

|해 설| raise는 수나 양, 수준을 올리는 것을 나타내며 salary, interest rates 등을 목적어로 취하거나, question을 목적어로 취해서 '제기하다'의 의미로 사용된다. grow는 수나 양, 크기가 증가하는 것을 나타내며 자동사로 전치사 by, from, to와 함께 쓰이고, 부사 rapidly, slowly, steadily 등의 수식을 받는다. lift는 어떤 대상을 위로 들어 올리는 의미 외에도 가격, 양, 수익 가치를 올리는 의미도 가지고 있다.

respond AM[rispá:nd] BR[rispɔ́nd] 응답하다, 대답하다
We received excellent feedback from the customers who responded to the questionnaire.
우리는 설문조사에 응답한 고객들부터 훌륭한 응답을 얻었다.

answer AM[ǽnsər] BR[á:nsə(r)] 대답하다, 답변하다
I wish to extend my thanks to you for answering the survey questions so promptly.
설문에 그렇게 빨리 응답해 주신 것에 대해 감사의 말씀을 드리고 싶습니다.

|해 설| respond는 어떤 것에 대해서 반응하는 행동이나 서면으로 응답하거나 말하는 것을 나타내는 자동사로 전치사 to, with와 함께 쓰이거나, 「respond by doing sth」의 구조를 취한다. answer는 제안이나 질문에 대한 응답을 하는 타동사로 「answer that ~」의 구조를 취하거나 '전화를 받다'라는 의미로 answer the phone(call)의 표현으로 사용된다.

indict [indáit] 기소하다
The grand jury indicted him for violence.
대배심원은 그를 폭행으로 기소했다

sue [suː] 소송하다
Failing payment, we shall sue.
지불하지 않을 경우에는 소송하겠다.

accuse [əkjúːz] 고발하다
They accused the man of taking bribes.
그들은 그가 뇌물을 받았다고 고발했다

charge AM [tʃɑːrdʒ] BR [tʃɑːdʒ] 고발하다
They charged him with theft.
그들은 절도 혐의로 그를 고발했다.

|해 설| indict는 법률 용어로 검사 등이 정식으로 고소할 때 사용하고, sue는 흔히 손해 배상 소송을 제기하는 것을 말하고, accuse는 흔히 비행, 과오 등에서 개인적으로 비난한다는 느낌이 강할 때 사용한다. charge는 보통 무거운 죄를 법적 절차에 따라 고소할 때 사용하는데 '고소하다' 는 의미보다는 '요금을 청구하다, 일을 맡기다. 책임을 지우다' 는 뜻으로 주로 사용한다.

prevent [privént] 방해하다
The membership is composed of those who would prevent unfair elections.
회원은 부정 선거를 방지하고자 하는 사람들로 구성되어 있다.

hinder [híndə(r)] 방해하다, 지연시키다
They hindered him in carrying out his plans.
그들은 그가 계획을 수행하는 것을 방해했다.

impede [impíːd] 방해하다
Dust may **impede** the operation of a computer.
먼지는 컴퓨터 작동에 방해가 될 수 있다.

hamper [hǽmpə(r)] 방해하다
Frantic fans occasionally **hamper** concerts.
극성팬들은 가끔 콘서트에 방해가 된다.

|해 설| TOEIC에는 주로 **prevent**가 출제되지만, 유사어도 알아두는 것이 좋다. **prevent**는 어떤 일이 발생할 것을 '미리 예방하여 막다' 는 의미이고, **hinder**는 상대방을 곤란하게 만들어 '돌출 행동을 막다' 는 의미이다. **impede**는 '어떤 것이 개시되기 전에 일을 지연시켜서 막다' 는 뜻에서 '정상적인 운행을 막다' 는 의미로도 사용한다.

fire [faiə(r)] 해고하다, 파면하다
He was **fired** from his job.
그는 직장에서 파면 당했다.

lay off 정리해고하다
Most of the companies had to **lay off** employees to cut costs and stay afloat.
대부분의 회사들은 비용을 줄이고 파산하지 않도록 하기 위해 직원들을 정리해고 해야 했다.

|해 설| **fire**와 **lay off**는 둘 다 '해고하다' 는 뜻이지만 **fire**는 해고 당사자의 잘못에 대해 책임을 묻기 위해 내보내는 것이고, **lay off**는 회사의 사정상 구조조정 차원에서 부득이하게 내보내는 것을 말한다.

형용사

early AM[ə́ːrli] BR[ə́ːli] 초기에, 일찍이
Diagnosis of the disease is not easy in the **early** stages.
초기 단계에 병의 진단은 쉽지 않다.

previous [príːviəs] 이전의, 사전의
Our latest model MP3 player is reported to be far superior to its **previous** one.
우리의 최신형 모델 MP3 플레이어가 이전 것보다 훨씬 우수한 것으로 보고 된다.

|해 설| **early**는 '초기에, 일찍이'라는 의미로 특별히 정해진 시간 중에서 첫 부분 즉, 그 시간대의 앞쪽이라는 의미를 나타내거나, 예상했던 시간보다 더 빨리 도착하거나, 어떤 일이 더 빨리 일어나는 것을 의미할 때 사용한다. **previous**는 특별한 사건이 순서상으로 '먼저, 이전의, 사전의'라는 의미로 미리 존재하는 것을 나타낼 때 사용된다.

marginal AM[máːrdʒinl] BR[máːdʒinl] 한계의, 중요하지 않은
The difference between the two groups was **marginal**.
그 두 그룹 사이의 차이는 근소했다.

petty [péti] 사소한, 소규모의
Mr. Jones said he wasn't interested in **petty** details.
Jones씨는 사소한 세부 사항에는 관심이 없다고 말했다.

|해 설| **marginal**은 어떤 것이 매우 작거나 중요하지 않게 생각되거나 이익이 거의 없는 상태를 나타내는 말로 TOEIC에서는 **marginal interest**(한계 이익)라는 표현으로 출제되었다. **petty**는 문제나 사건이 작고 중요하지 않다는 의미로 '사소한, 소규모의'라는 뜻으로 **trivial**과 같다.

unoccupied AM[ʌ̀nάːkjupàid] BR[ʌ̀nɔ́kjupàid] 비어있는, 한가한
Most of the seats in the restaurant remain **unoccupied**.
그 식당의 대부분 자리들이 비어있다.

discarded AM[diskάːrdid] BR[diskάːdid] 버려진
Items that are unclaimed after sixty days will be **discarded**.
60일 이후에 찾아가지 않는 물건들은 폐기될 것입니다.

|해 설| unoccupied 집이나, 방, 의자 등을 아무도 사용하지 않고 비어있는 상태로 남겨져 있다는 의미이다. unoccupied country라고 하면 전쟁 중에 아무도 점령하지 않았다는 의미이다. discarded는 어떤 대상이 버려져 있는 상태, 제거한 상태로 '버려진'란 뜻이다.

connected [kənéktid] 연결된, 연루된
Would you first check if your Internet cable is **connected** to your computer?
우선 인터넷 케이블이 컴퓨터에 연결되어 있는지 확인해 주시겠습니까?

joined [dʒɔind] 합류된, 가입된
The newly **joined** members must attend the orientation.
새롭게 가입된 회원들은 오리엔테이션에 참석해야 한다.

|해 설| connected는 서로 연결된 상태로 커다란 시스템이나 네트워크에 연결되어 있는 것을 나타내며, connected to(by)의 구조를 취한다. 특정한 사건이나 사실 등에 관련이 있다는 내용일 때는 connected with의 형태로 사용된다. joined는 어떤 단체나 그룹에 가입되어 있는 것을 나타낸다.

considerable [kənsídərəbl] 중요한, 유력한, 꽤 많은
Mr. Smith received **considerable** bonuses for his work.
Smith씨는 그가 한 일에 대한 상당한 보너스를 받았다.

considerate [kənsídərət] 인정이 있는, 사려깊은
I think you should be more **considerate** of your coworkers.
저는 당신이 동료들을 좀 더 배려해야 한다고 생각해요.

|해 설| considerable은 크기가 상당히 크고, 중요한 것을 나타내어 TOEIC에서는 impact(영향), gap(차이), bonuses, cost, effort, advantage 등의 명사를 수식하는 형태로 사용된다. considerate는 '이해심이 많은, 인정이 있는'의 의미로 형태는 비슷하지만 전혀 다른 의미를 가지고 있으므로 주의해야 한다.

damaged [dǽmidʒd] 손상된, 파손된
The **damaged** goods will be refunded.
그 파손된 물건은 환불될 것입니다.

injured [índʒə(r)d] 상처 입은, 손상된
His **injured** arm was tightly bound with bandages.
그의 부상당한 팔은 붕대로 단단히 동여매어져 있었다.

wounded [wúːndid] 상처 입은, 부상당한
The **wounded** factory worker cried out in pain.
그 부상당한 공장 노동자는 고통 속에서 외쳤다.

impaired AM [impérd] BR [impéəd] 손상된
Since the car accident, Ms. Tailor has suffered from **impaired** vision.
그 교통사고 이후 Tailor씨는 시력 손상으로 고생하고 있다.

유사 의미어 **409**

|해 설| **damaged**는 어떤 사물이 받은 물리적 손상이나 신체의 일부분이 부러지거나 상처를 입은 상태를 나타내는 말이며, **injured**는 사고나 공격에 의해서 부상을 당한 것을 말한다. **wounded**는 칼이나 총 같은 물리적인 도구에 의해서 입은 상처나 싸움에서 입은 부상 등을 의미한다. **impaired**는 신체적인 피해로 인해서 신체적 기능이 제대로 이루어지 않는 상태를 나타낸다.

designated [dézignèitid] 지정된, 지명된
All passengers must present their boarding passes to the **designated** agent.

모든 승객은 지정된 직원에게 탑승권을 제시해야 한다.

restricted [ristríktid] 제한된, 한정된
A small plane strayed into **restricted** airspace.

작은 비행기 한 대가 비행 금지 구역을 침범했다.

|해 설| **designated**는 명사를 한정하는 형태로 형용사처럼 사용되는 어휘로 특정한 목적을 달성하기 위해서 선택된 사람이나 사물을 나타낸다. **restricted**는 '~을 금지하다, 제지하다'의 의미의 동사 restrict에서 파생된 것으로 법률이나 규칙들에 의해서 제한되거나 금지되는 것을 나타낸다.

dramatic [drəmǽtik] 감동적인, 인상적인, 극적인
We have experienced a **dramatic** increase in sales over the last three months.

우리는 지난 3개월 동안 극적인 매출 신장을 경험했다.

enormous AM[inɔ́ːrməs] BR[inɔ́ːməs] 막대한, 엄청난
Mr. Parker made **enormous** profits by exporting MP3

players.
Parker씨는 MP3 플레이어를 수출해서 엄청난 수익을 얻었다.

|해 설| dramatic은 exciting이나 impressive라는 말로 바꿔서 표현할 수 있는데 어떤 것이 감동적이고 인상적인 것을 나타내며, 상승이나 하락의 상태를 수식하는 형태로 TOEIC에 자주 출제된다. enormous는 수, 양, 크기, 규모, 정도에 있어서 엄청나다는 것을 나타내는 말로 '막대한, 엄청난'이라는 의미이다.

irrelevant [irélәvәnt] 연관성이 없는, 관련이 없는
Please do not talk about it if it is **irrelevant** to the topic.
주제와 관련 없는 이야기는 삼가주세요.

irrespective [ìrispéktiv] 상관없는, 관계없는
Candidates are assessed on merit, **irrespective** of age, gender, or race.
지원자들은 연령, 성별 또는 인종에 상관없이 공적에 따라 평가되었다.

|해 설| irrelevant는 특정한 대상과 관련이 없어 중요하지 않은 것을 나타내며 irrelevant to(~와 관련이 없는)의 형태로 사용되며, largely, completely, totally 등의 부사와 어울려 쓰인다. irrespective는 특정한 상황 속에서 어떤 대상에 대해 영향을 주지 않는다는 의미로 irrespective of(~에 상관없이)로 사용된다.

likely [láikli] ~일 것 같은
Negotiation for the pay raise is **likely** to take several months.
임금 인상을 둘러싼 협상은 몇 달 걸릴 것 같다.

possible AM[pásəbl] BR[pɔ́səbl] 할 수 있는, 가능한
Large-scale unemployment is always **possible** in a market economy.

시장 경제 체제에서는 대량 실업의 가능성이 항상 존재한다.

|해 설| likely는 어떤 대상이 틀림없는 사실일 것이라는, 매우 가능성이 높다는 의미로 「be likely to do」의 형태로 자주 사용된다. possible은 달성될 수 있고 할 수 있는 것으로 일반적인 가능성이 있다는 것을 뜻하고, as soon as possible(가능한 빨리)라는 표현으로 자주 등장한다. 사람이 possible의 주어로 사용될 수 없다는 것을 주의해야 한다.

prevalent [prévələnt] 유행하는, 널리 퍼진
Paid vacation is the most **prevalent** benefit available to workers in our firm.

유급 휴가가 우리 회사 근로자들에게 가장 보편적으로 주어지는 복리후생이다.

leading [líːdiŋ] 일류의, 선도적인
KU Coporation is a **leading** company in this business line.

KU 주식회사는 이 분야에서 최고의 회사입니다.

|해 설| prevalent는 특정한 장소나 특정한 사람들 사이에서 공통적으로 하고 있는 것으로 특정한 양식이나 현상이 있다는 것을 나타내어 '유행하는, 널리 퍼진'의 의미이다. leading은 가장 성공적이고 가장 좋은 부류로 뛰어나고 주도적인 위치에 있다는 것을 뜻한다.

required [rikwáiərd] 필수적인
What is the **required** score for the TOEIC to join the

company?

그 회사에 입사하려면 토익은 몇 점이 필요하죠?

obliged [əbláidʒd] 의무적인

We are **obliged** to study the details of the contract.

우리는 계약서의 세부 사항을 면밀하게 검토해야 합니다.

|해 설| required는 어떤 것을 하기 위해서 필수적으로 필요한 것으로 특정한 규정에 의해서 갖추어야 할 전제 조건 등을 의미한다. 어떤 규칙이나 규정에 의해서 어떤 행동을 해야 할 때는 **be required to do** 의 형태로 사용된다. obliged는 법이나 의무적인 상황에 의해서 반드시 해야 하는 것으로 **be obliged to do** 의 형태로 사용된다.

reserved AM[rizə́ːrvd] BR[rizə́ːvd] 예약된, 내성적인

Ms. Spector is **reserved** and modest.

Spector 씨는 내성적이고 겸손하다.

preserved AM[prizə́ːrvd] BR[prizə́ːvd] 보존된

The town is known for its beautifully **preserved** historic buildings.

그 도시는 아름답게 보존된 역사적 건물들로 유명하다

|해 설| reserved는 특별한 목적이나 특정한 사람들을 위해서 '어떤 상태로 계속 유지되는 것'을 말하며, preserved는 오염되거나 파괴되는 것으로부터 '보호되는 것'을 뜻한다.

superior AM[suːpíəriə(r)] BR[suːpíəriə(r)] 우수한

Mr. Hill is clearly **superior** to the other candidates.

Hill 씨는 분명 다른 후보자들보다 뛰어나다.

incomparable AM[inkɑ́:mprəbl] BR[inkɔ́mprəbl] 비길 데 없는
The products of our company are **incomparable**.
저희 회사의 제품들은 다른 제품들과는 비교가 안 됩니다.

|해 설| **superior**는 어떤 사람이나 사물보다 효과적이고 더 힘이 있어 '우수한' 이라는 의미이며, 「**superior to**+비교 대상」의 구조를 취한다. **incomparable**은 다른 것들에 비해서 특별히 좋아서 비교할 필요가 없다는 것을 나타내어 '비길 데 없는'의 의미를 가지고 있다.

healthy[hélθi] 건강의, 건강한
It is only after we get ill that we know how blessed it is to be **healthy**.
병이 나야 비로소 건강의 고마움을 느낀다.

healthful[hélθfəl] 건강에 좋은, 유익한
People began to look for **healthful** food.
사람들이 건강에 좋은 음식을 찾기 시작했다.

|해 설| **healthy**는 신체적으로나 정신적으로 강건한, 즉 '병이 없고 체력이 왕성한' 것을 의미하고, **healthful**은 '건강을 증진하는, 건강에 좋은'이란 뜻이다. 이 둘을 명확히 구별하려면 '사람'은 **healthly**하며, '장소'와 '음식' **healthful**하다고 알아두자.

imaginative[imǽdʒənətiv] 상상의, 상상력이 풍부한
He is an **imaginative** writer
그는 상상력이 풍부한 작가이다.

imaginary [imǽdʒənèri] 상상의, 가공의
Most of the children have **imaginary** friends.
대부분의 아이들이 상상의 친구를 갖고 있다.

|해 설| imaginative는 상상하기를 좋아해서 창작할 수 있는 능력까지를 말하는 것으로 '상상력이 풍부한, 상상력을 구사한'이란 뜻이고, imaginary는 '상상의, 상상력이 풍부한'이란 뜻으로 어떤 사물이 상상으로서만 존재하는, 비현실적이어서 신용할 수 없다는 뜻이다.

necessary [nésəsèri] 필요한
We are now studying whether a supplementary budget is **necessary** or not.
추가 경정예산의 필요성 유무를 검토하고 있는 중이다.

essential [isénʃl] 본질적인, 필수의
Large-scale farming is **essential** to make a big profit in the agriculture sector.
농업부문이 높은 이익을 내기 위해선 대규모 농업이 필수적입니다.

|해 설| necessary는 '절대로 없어서 안 되는 것은 아니지만, 있는 것이 매우 바람직스러운 것'의 의미일 때 사용하고 보통 전치사 to나 for를 동반하여 사용하며 if necessary(필요하다면)라는 표현이 시험에 나온 적이 있다. essential은 '절대적으로 필요한 조건이 되는, 본질적인'이란 뜻으로 사용된다.

dependable [dipéndəbl] 신뢰할 수 있는, 의지할 수 있는
She isn't a **dependable** person for you.
그 여자는 네가 신뢰할 수 있는 인물이 아니다.

reliable [riláiəbəl] 믿을 수 있는
We give a him **reliable** service.
우리는 그에게 믿을 만한 서비스를 제공한다.

|해 설| dependable은 '남 또는 어떤 것의 힘이나 원조에 의지하다'의 뜻으로 종종 자기 자신의 힘이나 생각이 부족함을 암시하고, reliable은 '과거의 경험이나 객관적인 판단에 의거하여 의지하다'라는 뜻이다. reliable은 a reliable service[supply, source of information] 등의 표현으로 자주 나온다.

adverse AM[ædvə́:rs] BR[ədvə́:s] 반대의, 불리한
I relaxed too much, thinking that game would be canceled due to the **adverse** weather.
악천후 때문에 게임이 취소될 것으로 생각하고 너무 마음을 놓은 것이 화근이었다.

averse AM[əvə́:rs] BR[əvə́:s] 반대하는, 싫어 하는
He is **averse** to strenuous exercise.
격렬한 운동을 싫어한다

|해 설| adverse는 '반대의, 불리한'이란 뜻으로 명사 weather, comment, conditions 등을 수식하는 형태로 사용하고, averse는 '반대하는, 싫어하는' 뜻으로 전치사 to를 동반하여 「be averse to+명사」 형태로 사용한다.

extended [iksténdid] 펼친, 쭉 뻗은
Companies who understand this concept are developing strategies for driving market share, profit and revenue

using the **extended** network.

이러한 개념을 이해하는 기업들은 확장된 인터넷을 사용해 시장점유율, 순익, 매출 등을 높이기 위한 전략을 개발하고 있다.

expanded [ikspǽndid] 넓어진, 확장된

The **expanded** ASEAN foreign ministers' meeting will take place from July 25-29 in Laos.

ASEAN 외교장관 확대회의는 7월 25~29일 라오스에서 열릴 예정이다.

|해 설| extended는 '펼친, 뻗은'이란 뜻으로 시간이나 공간이 뻗어 펼쳐지는 의미를 갖게 된다. 즉 '거리가 펼쳐지는 길이의 연장'을 의미한다. 이외에도 '기간 등을 연장한, 장기간에 걸친'이란 뜻도 함께 알아두어야 한다. expanded는 '(크기, 수, 양이) 넓어진, 확장된'이란 뜻이다. 그러나 extended처럼 '길이의 연장'이란 의미는 없다.

부사

away [əwéi] 떨어져서

My office is located 10 miles **away** from my house.

내 사무실은 집에서 10마일 떨어져 있다.

far [fɑː(r)] 멀리, 먼 곳으로

How **far** is it from here?

여기서 얼마나 멉니까?

apart AM [əpáːrt] BR [əpáːt] 떨어져서, 따로따로

The building stood **apart** from the others.

그 건물은 다른 건물들과 떨어져 있었다.

유사 의미어 **417**

|해 설| **away**는 전치사 **from**과 함께 쓰여서 한 장소나 사람으로부터 특정한 거리에 있다는 것을 나타내며, **far**는 **away**, **from**과 함께 먼 거리를 나타내어 '멀리, 먼 곳으로' 라는 의미이다. **apart**는 같은 장소에 함께 있지 않는 상태에 있어서 거리가 있다는 의미로 '떨어져서, 따로따로' 라는 뜻을 갖는다.

continually [kəntínjuəli] 계속적으로
Our employees are **continually** under pressure with the workload.
우리 직원들이 과도한 업무 때문에 지속적으로 스트레스를 받고 있다.

continuously [kəntínjuəsli] 연속적으로
Due to rapid computer development, technicians must **continuously** polish their skills.
컴퓨터의 급속한 발전으로 기술자들은 계속적으로 기술을 연마해야 한다.

lastingly AM [lǽstiŋli] BR [láːstiŋli] 영구적으로, 영원히
Everyone wants to **lastingly** raise their level of happiness.
누구나 지속적으로 자신들의 행복의 수준을 높이고 싶어 한다.

|해 설| **continually**는 항상, 계속적으로 오랜 기간 동안 반복되는 것을 나타내며, **continuously**는 멈춤이나 연기 없이 계속 존재하거나 일어나는 것을 나타내어 '연속적으로' 라는 의미를 가지고 있으며, **lastingly**는 오랜 기간 동안 영향을 주면서 끝없이 계속되는 것을 나타낸다.

accurately [ǽkjərətli] 정확하게
Calculators allow you to do calculations quickly and **accurately**.
계산기를 사용하면 빠르고 정확하게 계산할 수 있다.

assuredly AM[əʃúridli] BR[əʃúədli] 확실히, 틀림없이
Golf is **assuredly** an interesting game.
골프는 확실히 재미있는 게임이다.

|해 설| accurately는 모든 세부적인 내용에 있어서 정확하고 사실과 다르지 않음을 의미하며, assuredly는 의심할 여지없이 확실하고 틀림없다는 의미로 문두에서 문장 전체를 수식하는 문장 부사의 역할로 사용된다.

promptly AM[prá:mptli] BR[prɔ́mptli] 즉시, 바로
Your order will be taken care of **promptly**.
주문하신 내용은 신속하게 처리될 것입니다.

rashly[rǽʃli] 분별없이, 경솔하게
Mr. Robinson **rashly** made the wrong decision.
Robinson 씨는 성급하게 잘못된 결정을 내렸다.

rapidly[rǽpidli] 빠르게
The divorce rate in the United States is increasing **rapidly** these days.
미국에서 이혼율이 최근 들어 급증하고 있다.

abruptly[əbrʌ́ptli] 갑자기
Ms. Bennett came back from China **abruptly**.
Bennett 씨가 중국에서 갑자기 귀국했다

|해 설| promptly는 주저함이나 지체없이 신속하게 어떤 행동을 하는 것을 나타내며, rashly는 주의 깊게 생각하는 것 없이 행동하는 것을 의미하여 '경솔하게'라는 뜻이다. rapidly는 행위나 상황의 속도를 나타내는 것으로 아주 짧은 시간에 행동이 이루어지는 것을 나타내며, abruptly는 주의나 신호, 징후가 없는 예상치 못한 상황을 나타내어 '갑자기'라는 의미를 갖는다.

유사 의미어

recently [ríːsəntli] 최근에
The efficiency of the staff has been decreasing recently.
최근에 직원들의 작업 능률이 떨어지고 있다.

soon [suːn] 곧, 즉시
We hope to work with you as soon as possible.
저희는 가능한 빨리 귀하와 일할 수 있게 되길 바랍니다.

|해 설| recently는 가까운 과거에 일어난 일을 나타내며 주로 현재완료의 표현과 어울려서 사용되며, soon은 지금을 기준으로 해서 짧은 시간 안에 일어날 것이나 바로 나타날 것에 대한 의미로 '곧, 즉시'라는 뜻이다.

personally AM [pəːrsənəli] BR [pəːsənəli] 직접, 몸소, 개인적으로
I like him personally, but not as a boss.
그는 개인적으로는 좋아하지만, 고용주로서는 마음에 들지 않는다.

respectively [rispéktivli] 각각, 각자
Each student present at the meeting expressed his opinion respectively.
그 회의에 참석한 학생들은 제각기 의견을 제시했다

|해 설| personally는 행위가 개인에게만 영향을 미친다는 것을 강조할 때 사용하고, respectively는 어떤 행위를 개개인이 다르게 한다는 것을 강조하는 것으로 separately와 같은 의미이다.

high [hai] 높이, 〈값이〉 높게, 〈정도가〉 높게
The balloon ascended high up in the sky.
기구가 하늘 높이 올라갔다

highly [háili] 매우, 아주
His scholarship was **highly** esteemed.
그의 학식은 높이 평가 받았다

|해 설| high는 '높이, 위로'라는 뜻이고, highly는 강조 부사인 very와 같은 뜻으로 형용사 또는 동사를 강조하는 형태로 쓰인다.

adequately [ǽdikwətli] 충분히, 적당히
Doctors do not **adequately** look after their own physical health.
의사들은 그들 자신의 건강을 잘 돌보지 않는다.

tightly [táitli] 단단히, 정확하게
He **tightly** wrapped a rubber band round a parcel.
그는 꾸러미에 고무 밴드를 단단히 감았다.

adequately는 정도 표현이고, tightly는 행위를 취하는 모양을 나타낸다. 따라서 tightly는 wrap, fasten 등의 동사와 함께 사용한다.

heavily [hévili] 아주, 심하게
Your recommendation weighs **heavily** in my favor.
너의 추천이 영향을 주어 나는 아주 유리하게 되었다

quite [kwait] 꽤, 상당히
My house and his are **quite** separated from each other.
우리 집과 그의 집은 상당히 떨어져 있다.

|해 설| heavily는 감당하기 어려울 정도의 심한 부담을 의미하고, quite

는 수량이 대단하다는 의미이다.

accurately[ǽkjərətli] 정확히, 틀림없이
He measures things by hand fairly **accurately**.
그는 손대중이 꽤 틀림없다.

exactly[igzǽktli] 정확히, 엄밀히, 꼭
The lecture lasted for **exactly** an hour.
강연은 꼭 1시간이 걸렸다

|해 설| **accurately**는 세부적인 사항을 말하는 것으로 정확하고 옳은 것을 의미한다. **exactly**는 전혀 틀리지 않고 거의 100%에 가깝게 정확한 것을 의미한다.